Sabrina Benaim

Das Leben und andere Zaubertricks –
Depression & Other Magic Tricks

W0190293

Sabrina Benaim

Das Leben
und andere
Zaubertricks

Depression
& Other
Magic Tricks

Aus dem kanadischen Amerikanisch von
Jochen Winter

Zweisprachig Deutsch/Amerikanisch

Diederichs

Deutsche Erstausgabe
Die Originalausgabe erschien 2017 unter dem Titel
Depression & Other Magic Tricks bei button poetry, Minneapolis, USA

MIX
Papier aus verantwor-
tungsvollen Quellen
FSC® C014889
FSC
www.fsc.org

Verlagsgruppe Random House FSC® N001967

Copyright © 2019 Diederichs Verlag, München,
in der Verlagsgruppe Random House GmbH,
Neumarkter Str. 28, 81673 München
Originalausgabe © 2017 Sabrina Benaim
Umschlag: Weiss Werkstatt München
Umschlagmotiv: © shutterstock / monkographic
Satz: Greiner & Reichel, Köln
Druck und Bindung: Friedrich Pustet, Regensburg
Printed in Germany
ISBN 978-3-424-35094-4
www.diederichs-verlag.de

 Dieses Buch ist auch als E-Book erhältlich.

inhalt

it's a pleasure to meet you, reader.
my hope is that this book might be
a friend, a reminder, a testament
that the first step to connection is communication.
thank you & hello...

es ist ein vergnügen, Ihnen zu begegnen, leserin und leser.
meine hoffnung ist, dass dieses buch
ein freund, eine erinnerung, ein zeugnis sein möge –
und dass der erste schritt zur verbindung in der mitteilung besteht.
danke & hallo …

what you see is what you get,
but that's not all there is.

– *my grandmother, Jean*

du bekommst, was du siehst,
aber es gibt mehr als das.

– meine großmutter Jean

first date

hello.   when i say hello, i mean thank you. when i say
thank you, i mean i adore you. when i say i adore you, i
mean i will check your horoscope. i mean when you leave
the balloons that you carry in your laughter behind on my
ceiling, well, i like them better than flowers. my body is a
garden rooted in gratitude. thank you is the biggest poem
i've got inside of me. oh, me? i am a campfire cold hearts
like to sit around and roast their marshmallows in. when i
say campfire, i mean tiny furnace, little light lady. i mean i
am not the path of least resistance. but i swear, i was struck
by lightning. bang! boom! wow! this one time at Coachella
when Jay-Z brought out Beyoncé – i mean, i am flawless ...
procrastinator. my heart is a messy bedroom i always distract myself from cleaning. i digress ... when i say Beyoncé came out, i mean fireworks went off and i cried. when
i say i cried, i mean i taught the clouds how to cry for me,
dig?   i wouldn't say i'm sensitive, i would say i'm high-
ly susceptible to feeling a lot, and "sometimes there just
ain't enough rocks." Forrest Gump. when i say my feelings
are a box of chocolates, i mean i like to eat them. i also like
to get high enough to look myself in the third eye. when
i say i like to get high, i mean, sometimes, after i shower
i thank the towel. snap, crackle, or pop? me? pop. i mean
i've got this violent tendency to see a bubble and want to
pop it. which is to say: i have held love, but i popped it and
locked it, then dropped it and lost it. i didn't mind. love
made me feel like i knew the answer, but when i raised my
hand, i was the only one in the room. what i mean is, have
you ever felt the ache of swallowing starlight? that cinnamon heartburn? what i mean is, his name is a plate set at
the table of my tongue because i learned love like wait for
it.   if i called the last person you said i love you to could
they tell me they felt it? can you feel this? i'm allergic to li-

erstes date

hallo.   wenn ich hallo sage, meine ich: danke. wenn ich danke sage, meine ich: ich verehre dich. wenn ich sage, ich verehre dich, meine ich, ich werde dein horoskop überprüfen. ich meine, wenn du die ballons, die du in deinem lachen trägst, an meiner decke zurücklässt, nun, dann mag ich sie mehr als blumen. mein körper ist ein garten, verwurzelt in dankbarkeit. *danke* ist das größte gedicht, das ich in mir habe. oh, und ich? ich bin ein lagerfeuer, um das kalte herzen gerne sitzen und in dem sie ihre Marshmallows rösten. wenn ich lagerfeuer sage, meine ich einen winzigen ofen, kleine leichte lady. ich meine, ich bin nicht der weg des geringsten widerstands. doch ich schwöre, ich wurde vom blitz getroffen. peng! bumm! oha! dieses eine mal auf dem Coachella-Festival, als Jay-Z Beyoncé einführte – ich meine, ich bin eine tadellose ... zauderin. mein herz ist ein unordentliches schlafzimmer, immerzu lenke ich mich davon ab, es aufzuräumen. ich schweife ab ... wenn ich sage, Beyoncé erschien, meine ich, feuerwerk brach los, und ich weinte. wenn ich sage, ich weinte, meine ich, ich brachte den wolken bei, wie sie für mich weinen, kapiert?   ich würde nicht sagen, dass ich sensibel bin, ich würde sagen, ich bin höchst empfänglich dafür, vieles zu fühlen, und *manchmal gibt es einfach nicht genug steine.* Forrest Gump. wenn ich sage, meine gefühle sind eine schachtel pralinen, meine ich, dass ich die gern esse. außerdem mag ich's, genügend high zu werden, um mich im dritten auge zu betrachten. wenn ich sage, ich werde gern high, meine ich, dass ich manchmal nach dem duschen dem handtuch danke. knacken, knistern oder knallen? ich? knallen. ich meine, ich habe diese heftige neigung, eine blase zu sehen, und will sie platzen lassen. das heißt: ich habe die liebe gehalten, sie aber platzen lassen und eingeschlossen, dann fallen gelassen und vergessen. es war mir egal. die liebe gab mir das gefühl, die antwort zu wissen, aber wenn ich die hand hob, war ich die einzige im raum. was ich meine: haben Sie je den schmerz empfunden, sternenlicht zu schlucken? dieses zimtartige sodbrennen? was ich meine, sein name ist ein tellerset auf dem tisch meiner zunge, denn ich habe die liebe in der form gelernt: warte auf sie.   würde ich die letzte person anrufen, zu der du sagtest: ich liebe dich, könnte sie mir dann mitteilen, es gefühlt

ars, they cause my tongue to swell and sharpen; bullet flesh tongue. what i mean is my kiss tastes like a shotgun to the lips. you'll like it. it'll make you feel brave.   my first crush was on Benny 'The Jet' Rodriguez. that boy ran so fast, he could fly by foot. if i were an animal, i would be a hummingbird. when i say hummingbird, i mean sometimes my hands forget how to hold, become two teacups in an earthquake. i am a rattle of splintered bones. when i say my body, i mean blunt guts and then some. my instincts are miraculous. i spent an entire year sleeping on a bed of swords and was not cut once. what i mean is my lonely looks a lot like insomnia when you hold it up to the light. what i mean is if i came to you, lonely as a grocery store parking lot at 5am, blowing smoke rings but pretending they are halos, could you believe in the magic? not beauty, not the beast, i mean enchanted castle. my body: space jam. my toothy smile has ways to tell anything else than the truth: flight response.   do you ever sit on the end of your bed and listen to the world spin? i hear that song everywhere. when i say that song, what i mean is time. time is a holy catastrophe of heirloom clock faces that don't fit my wrists. the only instrument i know how to play is a muscle. i like my body best when i am not worried about how much space it is taking up. i mean dancing. when i say dancing, i mean shimmy-and-a-shake-and-a-womp-womp-drop. my swagger has moves like it sleeps in a waterbed. i mean my seed sleeps in its shell.   i am best prepared for the worst case scenario. the best case scenario scares me. flight response. my mother tells me i am a bird. when she says i am a bird, she means the whole world is my cage. in my dreams, i can fly, and there is no such thing as a cage, meaning there is no such thing as time. i have been here before. i mean i recognize that moon. i know, there are many moons, and my gratitude eclipses them all. so, i say thank you. thank you when i mean   hello.

zu haben? kannst du es fühlen? ich bin allergisch gegen lügner, sie bewirken, dass meine zunge anschwillt und scharf wird: ein geschoss aus fleisch. was ich meine, mein kuss schmeckt den lippen wie eine schrotflinte. du wirst ihn mögen. er wird dafür sorgen, dass du dir mutig vorkommst.   mein erster schwarm war Benny »Düsenjet« Rodriguez. dieser junge rannte so schnell, dass er zu fuß fliegen konnte. wäre ich ein tier, dann ein kolibri. wenn ich kolibri sage, meine ich, zuweilen vergessen meine hände, wie man etwas hält, werden zu zwei teetassen in einem erdbeben. ich bin ein gerassel zersplitterter knochen. wenn ich sage: mein körper, meine ich offene eingeweide und noch einiges mehr. meine instinkte sind phänomenal. ein ganzes jahr verbrachte ich schlafend auf einem bett aus schwertern, ohne auch nur einmal geschnitten zu werden. was ich meine: meine einsamkeit ähnelt sehr der schlaflosigkeit, wenn man sie ins licht hebt. was ich meine: würde ich zu dir kommen, einsam wie ein parkplatzgelände bei Sam's Grocery, ringe in die luft blasen, aber so tun, als wären sie halos, könntest du dann an magie glauben? nicht an die schönheit, nicht an das biest, ich meine das zauberschloss. mein körper: *space jam*. mein breites lächeln besitzt verschiedene möglichkeiten, alles andere als die wahrheit zu sagen: fluchtreaktion.   sitzt du je am ende deines bettes und lauschst der drehung der welt? ich höre dieses lied überall. wenn ich sage: dieses lied, meine ich die zeit. die zeit ist eine heilige katastrophe in gestalt geerbter zifferblätter, die nicht zu meinen handgelenken passen. das einzige instrument, das ich zu spielen weiß, ist ein muskel. ich mag meinen körper am meisten, wenn ich mich nicht sorge, wie viel platz er einnimmt. ich meine tanzen. wenn ich tanzen sage, meine ich *shimmy-and-a-shake-and-a-womp-womp-drop*. mein wiegender gang führt bewegungen aus, als würde er in einem wasserbett schlafen. ich meine, mein same schläft in seiner hülse.   ich bin bestens vorbereitet auf den größten anzunehmenden unfall. der größte anzunehmende unfall macht mir angst. fluchtreaktion. meine mutter sagt mir, ich sei ein vogel. wenn sie sagt, ich sei ein vogel, meint sie, die ganze welt sei mein käfig. in meinen träumen kann ich fliegen, und es gibt nicht so etwas wie einen käfig, das heißt, es gibt nicht so etwas wie die zeit. ich bin vorher schon hier gewesen. ich meine, ich erkenne diesen mond. ich weiß, es gibt viele monde, und meine dankbarkeit verfinstert sie alle. also sage ich danke. danke, wenn ich meine   hallo.

hurdles / dreams

new earrings / new ring formation / new kiss goodnight /
most weekends / still falling asleep / in the middle of the bed
/ sometimes / i am / little lady / who wishes herself a flower
/ that wishes itself a balloon / how i always want to grow /
high / get above it / i am / not here / to look at the dirt / be-
neath anyone's fingernails / oh / the tricks we use / to distract ourselves / how they don't always work / i still dream
of you / sometimes / i wake up / with a basketball inflated /
in my chest / sitting atop my rack of ribs / waiting / for an
invitation / to dribble / on your court / of course / at your
court/ it's patio weather / like / all the time / right / imagine
me / sticky as a popsicle stick / with feelings / all / parched
hands & clammy tongue / hungry for a kiss / then / there
is the dream / that reoccurs / the wicked game / where you
pretend / you are a ghost / & i talk to myself / in rooms full
of strangers / or / the impossible dream / where your hand
/ slips / & your fingers / weave / easily into mine / or / the
one i am inside of the whale's mouth / i yell out / for you
to come join me / "i'm sorry it's so dark in here" / i tell you
/ but i am not sorry / for the darkness / only that it makes
you so afraid / or / worst of all / the dream i cannot seem
to wake from / i am jumping days like hurdles / for months
& months & months / to get over you / why do i think it's
possible / to write the bricks out of a wall / why am i bang-
ing my head / against a brick wall / begging / please please
please / for a different memory / one where the lilac wind
did not lick my eyelashes / that way / where i look at you /
& in my head Joanna Newsom does not sing / 'you are starry starry starry' / i know / none of it makes sense / i know
/ trust me / there is no sleep for this lonely / no birds / this
morning / only the sound of my upstairs neighbors / making
breakfast / at least / they aren't using the blender / at least /
their baby girl isn't crying / & neither am i / anymore

hürden / träume

neue ohrringe / neue ringbildung / neuer gutenachtkuss. / an den meisten
wochenenden / schlafe ich weiterhin / in der mitte des betts ein. / manchmal
/ bin ich / eine kleine lady, / die sich wünscht, eine blume zu sein, / die sich
wünscht, ein ballon zu sein. / wie ich ständig wachsen möchte, / in die höhe,
/ über alles hinaus. / ich bin / nicht hier, / um den schmutz zu betrachten /
unter irgendjemandes fingernägeln. / oh / die tricks, die wir benutzen, / um
uns abzulenken, / wie sie nicht immer funktionieren. / nach wie vor träume
ich von dir. / zuweilen / erwache ich / mit einem aufgeblasenen basketball
/ in der brust, / auf meinem rippengestell sitzend, / eine einladung / erwartend, / auf deinem hof / zu dribbeln, / natürlich *vor* deinem hof. / es ist ter-
rassenwetter, / wie / die ganze zeit schon, / gut. / stell dir vor, / ich bin klebrig / wie ein eislutscher, / mit sämtlichen gefühlen. / staubtrockene hände &
feuchtkalte zunge, / begierig auf einen kuss. / dann gibt es den traum, / der
wiederkehrt, / das böse spiel, / in dem du vortäuschst, / ein geist zu sein, /
& ich rede mit mir selbst / in räumen voller fremder. / oder der unmögliche
traum, / wo deine hand / abwärts gleitet / & deine finger sich mühelos mit
meinen verflechten. / oder der eine, wenn ich im maul eines wals bin / und
laut nach dir rufe, / dass du kommst, um dich mir anzuschließen. / »sorry,
es ist so dunkel hier drinnen«, / sage ich zu dir, / aber es tut mir nicht leid /
wegen der dunkelheit, / sondern nur, weil sie dich in angst und schrecken
versetzt. / oder der schlimmste von allen, / der traum, aus dem ich anschei-
nend nicht erwachen kann. / ich überspringe die tage wie hürden, / monat
für monat für monat, / um über dich hinwegzukommen. / warum halte ich
es für möglich, / die backsteine mit worten aus einer mauer zu brechen? /
warum stoße ich meinen kopf / gegen eine backsteinmauer? / flehend, / bitte, bitte, bitte, / um eine andere erinnerung, / eine, darin der lila wind nicht
meine wimpern leckte, / die augen in der richtung, wo ich dich anschaue. /
& in meinem kopf singt Joanna Newsom nicht: / *you are starry, starry, starry …* / ich weiß, / nichts von dem macht sinn, / ich weiß. / glaub mir, / es
gibt keinen schlaf für diese einsame, / keine vögel, / an diesem morgen nur
das geräusch meiner nachbarn über mir, / die das frühstück zubereiten. /
wenigstens / benutzen sie nicht den mixer, / wenigstens / weint ihr kleines
mädchen nicht / & ich auch nicht, / nicht mehr.

the slow now

this morning said
    do not press snooze.

        you pressed snooze
        but
        only once
        congratulations

while brushing your teeth,
your reflection in the mirror also said:
    congratulations.

        you said
        thank you
        out loud
        to every cotton swab in the blue box
        & blue seashell on the shower curtain

you filled your kettle with cold water,
set it on the hot stovetop, to boil
this morning said,
    get dressed.

        you sat
        mostly naked
        on your bed
        watching YouTube videos
        of Amy Winehouse
        singing back to black
        for thirty-six minutes
        you rummaged through a drawer
        found a bra
        put it on

gemächlich jetzt, gemächlich

dieser morgen sagte:
　　　drück nicht die schlummertaste.

　　　　　du drücktest die schlummertaste,
　　　　　aber
　　　　　nur einmal.
　　　　　gratuliere!

beim zähneputzen sagte
dein abbild im spiegel ebenfalls:
　　　gratuliere!

　　　　　laut und deutlich
　　　　　sagtest du
　　　　　danke
　　　zu jedem wattestäbchen in der blauen schachtel
　　　& zur blauen muschel auf dem duschvorhang.

du hast deinen kessel mit kaltem wasser gefüllt,
ihn auf die heiße herdplatte gestellt, um es kochen zu lassen,
und dieser morgen sagte:
　　　zieh dich an!

　　　　　du saßt
　　　　　zumeist nackt
　　　　　auf dem bett
　　　　schautest auf YouTube videos
　　　　von Amy Winehouse
　　　　Back to Black singend,
　　　sechsunddreißig minuten lang,
　　　hast dann eine schublade durchstöbert,
　　　　einen bh gefunden,
　　　　ihn übergestreift,

you put on black tights
tried on four dresses
finally decided on the black & white flowers one
nineteen minutes later
you put on a sweater
& you sat
fully dressed
on your bed
for five minutes more

you say hello to afternoon.
afternoon asks

if you have eaten anything,
if you plan on leaving the house today.

you pick up the phone
say
i am starting the pills again
tomorrow
i have a doctor's appointment
first thing in the morning

your mother responds,
didn't i tell you to do that two weeks ago?

dazu eine schwarze strumpfhose,
vier kleider anprobiert,
dich schließlich für das mit schwarzen & weißen blumen entschieden,
neunzehn minuten später
einen pulli übergezogen
& so saßt du
vollständig bekleidet
auf deinem bett
für weitere fünf minuten.

du sagst hallo zum nachmittag.
er fragt,
ob du etwas gegessen hast,
ob du beabsichtigst, heute das haus zu verlassen.

du greifst zum telefon,
sagst,
morgen beginne ich wieder
die tabletten zu nehmen,
gleich in der früh
hab ich einen termin beim arzt.

deine mutter erwidert,
hab ich dir nicht schon vor zwei wochen gesagt,
dass du das tun sollst?

explaining my depression to my mother
a conversation

mom,
my depression is a shape shifter;
one day it is as small as a firefly in the palm of a bear,
the next, it's the bear.
those days i play dead until the bear leaves me alone.

i call the bad days
the dark days.

> *mom says* try lighting candles.

when i see a candle, i see the flesh of a church.
the flicker of life sparks a memory younger than noon;
i am standing beside her open casket,
it is the moment i realize every person i ever come to know
will someday die.
besides, mom, i'm not afraid of the dark,
perhaps that is part of the problem.

> *mom says* i thought the problem was
> that you can't get out of bed?

i can't.
anxiety holds me hostage inside of my house, inside of my head.

> *mom says* where did anxiety come from?

anxiety is the cousin visiting from out of town
depression felt obligated to bring to the party.
mom, i am the party.
only, i am a party i don't want to be at.

wie ich meiner mutter meine depression erkläre
ein gespräch

mom,
meine depression ist eine gestaltwandlerin;
an einem tag ist sie so klein wie ein glühwürmchen in der tatze eines bären,
am nächsten ist sie der bär.
an solchen tagen stelle ich mich tot, bis mich der bär in ruhe lässt.

die schlechten tage nenne ich
die dunklen tage.

mom sagt: *probier doch mal, kerzen anzuzünden.*

sobald ich eine kerze sehe, sehe ich das fleisch einer kirche.
das flackern der flamme entfacht eine erinnerung, jünger als der mittag;
ich stehe neben ihrem offenen sarg,
es ist der moment, da ich begreife, dass jeder mensch, den ich je
kennenlernen werde, eines tages stirbt.
außerdem, mom, habe ich keine angst vor der dunkelheit,
vielleicht ist gerade das ein teil des problems.

mom sagt: *ich dachte, das problem wäre,
dass du nicht aus dem bett kommst?*

das schaffe ich nicht.
die angst hält mich als geisel im innern meines hauses, im innern
meines kopfes.

mom sagt: *woher kam denn die angst?*

die angst ist der cousin, der von außerhalb der stadt zu besuch kommt,
und die depression fühlte sich verpflichtet, ihn zur party mitzubringen.
mom, ich bin die party!
nur bin ich eine party, auf der ich nicht sein will.

mom says why don't you try going to actual parties?
see your friends.

sure, i make plans.
i make plans but i don't want to go.
i make plans because i know i should want to go,
i know at some point i would have wanted to go,
it's just not that much fun having fun when you don't
want to have fun.

mom,
each night, insomnia sweeps me up into its arms,
dips me in the kitchen by the small glow of stove light.
insomnia has this romantic way of making the moon
feel like perfect company.

mom says try counting sheep.

my mind can only count reasons to stay awake.

so i go for walks, mom, but
my stuttering kneecaps clank like silver spoons
held in strong arms with loose wrists.
they ring in my ears like clumsy church bells,
reminding me i am sleepwalking on an ocean of happiness
i cannot baptize myself in.

mom says happy is a decision.

my happy is a high fever that will break.
my happy is as hollow as a pin-pricked egg.

mom says i am so good at making something out of nothing,
and then flat out asks me if i am afraid of dying.

mom sagt: *warum versuchst du nicht, zu richtigen partys zu*
gehen, deine freunde zu treffen?

gewiss, ich mache pläne.
ich mache pläne, aber ich will nicht ausgehen.
ich mache pläne, weil ich weiß, dass ich mir wünschen sollte, auszugehen,
ich weiß, dass ich mir irgendwann gewünscht hätte, auszugehen,
bloß macht es nicht so viel spaß, spaß zu haben, wenn du keinen
spaß haben willst.

mom,
jede nacht zieht mich die schlaflosigkeit unwiderstehlich in ihre arme,
treibt mich in die küche zum schwachen glühen der herdlampe.
auf romantische art gibt dir die schlaflosigkeit das gefühl,
der mond sei der ideale gefährte.

mom sagt: *versuch einfach, schafe zu zählen.*

zählen kann mein verstand nur gründe, wach zu bleiben.

also gehe ich spazieren, mom, doch
meine schwankenden kniescheiben klappern wie silberlöffel,
gehalten in starken händen mit schlaffen gelenken.
in meinen ohren klingen sie wie klobige kirchenglocken,
mich daran erinnernd, dass ich schlafwandle auf einem ozean des glücks,
darin ich mich nicht taufen kann.

mom sagt: *glück ist eine entscheidung.*

mein glück ist ein hohes fieber, das sinken wird.
mein glück ist so hohl wie ein durchstochenes ei.

mom sagt: *ich bin so gut darin, aus nichts etwas zu machen,*
und fragt mich dann geradeheraus, ob ich angst hätte
zu sterben.

no,
i am afraid of living.

mom, i am lonely.
i think i learnt it when dad left;
how to turn the anger into lonely,
the lonely into busy.
when i tell you i've been super busy lately,
i mean i've been falling asleep watching sportscenter on the couch

to avoid confronting the empty side of my bed.

my depression always drags me back to my bed
until my bones are the forgotten fossils of a skeleton sunken city.

my mouth, a boneyard of teeth broken from biting
down on themselves.

the hollow auditorium of my chest swoons with echoes
of a heartbeat, but i am a careless tourist here,
i will never truly know everywhere i have been.

mom still doesn't understand.

mom,
can't you see?
neither do i.

nein,
ich habe angst zu leben.

mom, ich bin einsam.
ich glaube, das habe ich gelernt, als dad fortging;
wie man die wut in einsamkeit verwandelt,
die einsamkeit in geschäftigkeit.
wenn ich dir sage, dass ich zuletzt wahnsinnig geschäftig war,
meine ich, dass ich auf der couch die sportsendung geschaut habe und
                                        dabei eingeschlafen bin,
um nicht mit der leeren seite meines bettes konfrontiert zu werden.

meine depression zerrt mich dauernd zurück zu meinem bett,
bis meine knochen die vergessenen fossilien einer versunkenen
                                        ruinenstadt sind,
mein mund ein friedhof aus gebrochenen zähnen, weil ich sie wieder
und wieder zusammengepresst habe.

das leere auditorium meiner brust füllt sich mit den echos
eines herzschlags, aber ich bin hier eine unbeteiligte touristin;
niemals werde ich wirklich wissen, wo ich überall gewesen bin.

        mom versteht immer noch nicht.

mom,
siehst du nicht, was los ist?
ich auch nicht.

what i told the doctor

the eyes are not reliable.
not windows. not mirrors.

my ears have eroded,
leaving two broken telephones.

my hands have embraced what they always have been;
two grasping panics, two torches to everything i love.

feet – nothing more than two rocks some days.

& my heart has developed a kind of amnesia,
where it remembers everything but itself.

was ich dem arzt mitteilte

die augen sind nicht zuverlässig.
keine fenster. keine spiegel.

meine ohren haben sich abgenutzt,
zwei kaputte telefone zurückgelassen.

meine hände haben umfasst, was sie immer schon kannten;
zwei zupackende paniken, zwei fackeln für alles, was ich liebe.

füße – an manchen tagen nicht mehr als zwei felsbrocken.

& mein herz hat eine art amnesie entwickelt,
dergestalt, dass es sich an alles erinnert, außer an sich selbst.

self(heart) – portrait

honey, yeah, sticky,
but sweetsweetsweet. swollen
sweet home, or
swollen lonely abandoned
house. temporary kingdom,
crown, that is not for keeps.
plump sour cherry. set in the
sun to dry, a dress handed
down from my mother. my
grandmother's finest teacup,
half-full of dust and collecting,
still. fistful of pulse. flightless
balloon. awaiting pop,
or deflate. a fickle framework; i am
a clock i cannot tell.

selbst(herz)-porträt

honig, ja, klebrig, aber
zuckerzuckersüß, geschwollenes
süßes heim oder
geschwollenes einsames verlassenes
haus. befristetes königreich,
krone, die nicht für immer ist.
pralle sauerkirsche, in die sonne gelegt,
um zu trocknen, ein kleid, weitergegeben
von meiner mutter. meiner
großmutter feinste teetasse,
halb gefüllt mit staub, den sie noch immer
einfängt. eine handvoll pulsschläge. flugunfähiger
ballon, der darauf wartet, zu platzen
oder in sich zusammenzufallen. ein unbeständiger rahmen.
ich bin eine uhr, die ich nicht lesen kann.

a story // my father moves to another country & there's no way to say i'm sorry if you aren't

it's the night before we arrive in San Francisco, which is, so far, my favorite night of our three week trip. we are somewhere on the coast, at a Holiday Inn. our room is standard: two beds, a TV, a mini fridge. we are each sprawled on our bed, atop the covers. you have a conference call with the office in China for work, on our vacation, so we are staying in for the night. an acceptable consolation: you toss me a twenty to raid the vending machine. while i stock up on chocolate bars i think to myself *this isn't so bad.* while waiting for your call to come in, we catch a marathon of *The Golden Girls,* and gently into the evening, like two kettles of boiling water, we are laughing at all the same parts.

it's tomorrow and we are in San Francisco, finally. after a day of being holed-up in your car, we're sitting at a patio table at Fisherman's Wharf. sea salt breeze, i keep licking my lips. we have a whole crab on the table. you played Grim Reaper and picked him out on the way to our seats. i'm also tipsy from splitting this bottle of white wine with you. of course this is cool of you to do: split a bottle of wine with me. i'm two months shy of my twenty-first birthday. i don't realize dinner with you now is much easier than it will be in the future.

looking back, that trip was one of our better ones, if not the best. i bought my leather jacket on that trip. it's been my main choice in weather protection for the past seven years.

it's weird ... how a jacket can be more reliable than a father.

eine geschichte // mein vater zieht in ein anderes land um & es gibt keine möglichkeit, sich zu entschuldigen, wenn es einem nicht leidtut

es ist der abend vor unserer ankunft in San Francisco, bis jetzt mein bevorzugter abend auf unserer dreiwöchigen reise. wir sind irgendwo an der küste in einem Holiday Inn. unser zimmer ist standard: zwei betten, ein tv, ein mini-kühlschrank. jeder von uns liegt ausgestreckt auf seiner bettdecke. du hast, ungeachtet unserer ferien, eine berufliche telefonkonferenz mit dem büro in China, also bleiben wir den abend über drinnen. ein annehmbarer trost: du schiebst mir einen zwanziger zu, damit ich den warenautomaten plündern kann. während ich einen vorrat an schokoriegeln anlege, schießt mir der gedanke durch den kopf: *das ist gar nicht so übel.* deinen anruf erwartend, gleiten wir sanft in den abend, schauen ununterbrochen immer weitere episoden von *The Golden Girls*, und lautstark wie zwei kessel voll siedendem wasser lachen wir beide über all die gleichen stellen.

es ist der nächste tag, und wir erreichen San Francisco, endlich. nach zig stunden fahrt, verschanzt in deinem auto, sitzen wir in Fisherman's Wharf an einem terrassentisch. meersalzbrise, ständig lecke ich mir die lippen. vor uns liegt ein ganzer krebs. du spieltest Grim Reaper und erkanntest den Sensenmann auf dem weg zu unseren plätzen. ich bin auch deshalb beschwipst, weil du eine flasche weißwein mit mir teilst. natürlich ist es eine lässige geste von dir, eine flasche wein mit mir zu teilen. es sind noch zwei monate bis zu meinem einundzwanzigsten geburtstag. ich bemerke nicht, dass das abendessen mit dir jetzt viel einfacher ist, als es in zukunft sein wird.

rückblickend betrachtet, war diese reise eine von den besseren, wenn nicht die beste. auf ihr kaufte ich meine lederjacke. in den vergangenen sieben jahren habe ich meistens sie als schutz vor dem wetter gewählt.

es ist seltsam ... wie eine jacke verlässlicher sein kann als ein vater.

nature versus nurture

it has been said that i am just like my father.
this might explain why most days,
i dress up in my mother's clothes.
use her signature shade of scarlet to paint my lips a familiar smile.

i do not use her signature trick of turning her heart inside out,

the way she showed me, to wear her softness as bulletproof vest.
armor is for women who have something to lose,
in this way, i am not like my mother;
the inside of my heart is covered in stucco scales.
my father has a crocodile smile –
a flawless flash of shiny distraction to keep you
from finding the bodies he's left behind.
but if you look close enough, the evidence lies
in the residue between his teeth.
i have been told my tongue should come with a warning
of blunt force trauma. it's true, there are nights
i wear nothing but a blood-stained smirk to veil my secrets.

there are nights my smile is the simple act of baring my teeth.

i am just like my father,
and if it weren't for my mother,
i would not know how to take responsibility
for the bite i bear when i wear the crocodile smile.

because there are nights i cannot help myself;
when the full moon howls,
i howl back.
i am the daughter of nature versus nurture.
each verse for my father is a love letter to my mother.
my mother the sparrow.

natur versus erziehung

es heißt, ich sei genau wie mein vater.
das mag erklären, warum ich mich an den meisten tagen
herausputze in den kleidern meiner mutter,
ihren charakteristischen scharlachroten farbton benutze,
um meinen lippen ein vertrautes lächeln aufzumalen.
ich benutze nicht ihren charakteristischen trick,
das herz nach außen zu kehren, wie sie es mir gezeigt hat,
um ihre sanftheit als kugelsichere weste zu tragen.
ein solcher panzer ist für frauen, die etwas zu verlieren haben,
in dieser hinsicht bin ich nicht wie meine mutter;
das innere meines herzens ist bedeckt mit stuckierten schuppen.
mein vater hat ein krokodillächeln –
dies makellose aufblitzen lässiger zerstreutheit,
um einen von den leichen abzulenken, die er zurückgelassen hat.
doch blickt man aufmerksam hin, liegt der beweis
in den rückständen zwischen seinen zähnen.
mir wurde gesagt, meine zunge sollte mit der warnung versehen sein,
tiefe wunden zu schlagen. wohl wahr, es gibt nächte,
in denen ich nichts trage außer einem blutbefleckten grinsen,
um meine geheimnisse zu verschleiern.
es gibt nächte, in denen mein lächeln allein dazu dient,
die zähne zu entblößen.
ich bin genau wie mein vater,
und wäre da nicht meine mutter,
wüsste ich nicht, verantwortung zu übernehmen
für den biss, den ich ertrage, wenn ich das krokodillächeln
auf den lippen trage.
denn es gibt nächte, in denen ich nicht anders kann;
sobald der vollmond heult,
heule ich zurück.
ich bin die tochter von natur versus erziehung,
jeder vers für meinen vater ist ein liebesbrief an meine mutter.
meine mutter der spatz,

my mother the nest.
my mother the branches.
my mother the leaves.
my mother the tree who cut and whittled herself to build me
a boat offering safe passage.
my eyes watch our slow sailing reflection in the water.

in its stillness, it's almost impossible to tell
if the tiny yellow lights scattered across its surface are
mirrored stars or crocodile eyes,
but my basic instincts are well acquainted with the sensation
of nature's gaze fixated on me;
when my father tells me i am beautiful,
i always hope it's because i remind him of my mother.

meine mutter das nest,
meine mutter die zweige,
meine mutter die blätter.
meine mutter der baum, der sich beschnitt und zurechtschnitzte,
um mich zu bauen, ein boot, das sichere überfahrt bietet.
meine augen verfolgen die abbilder unserer langsamen segelreise
auf dem wasser.
in seiner stille gibt es fast keinerlei aufschluss darüber,
ob die winzigen gelben, über seine oberfläche verstreuten lichter
gespiegelte sterne sind oder krokodilaugen,
aber meine urinstinkte sind eng vertraut mit der empfindung,
dass der blick der natur auf mich gerichtet ist;
wenn mein vater mir sagt, ich sei schön,
hoffe ich immer, ihn dabei an meine mutter zu erinnern.

single

is

unshaven legs
same flannel for a week
not checking in
not being checked on
cheese and crackers for dinner
Skittles bought drunk at 3am for breakfast
sweatpants
no pants
no bra
clean laundry in a pile at the end of the bed
chocolate in bed
movies in bed
tv in bed
bad tv in bed
books in bed
writing in bed
texting in bed
phone calls in bed
not answering phone calls in bed
dreaming of not being in bed, in bed

single is everything in bed
everything
but company

single

ist

unrasierte beine
gleicher waschlappen für eine woche
sich nicht melden
niemandem haben, der nach einem schaut
käse und cracker zum abendessen
betrunken um drei uhr morgens Haribo fürs frühstück kaufen
jogginghose
keine hose
kein bh
saubere wäsche in einem haufen am fußende des bettes
schokolade im bett
filme im bett
fernsehen im bett
schlechtes fernsehen im bett
bücher im bett
im bett schreiben
im bett simsen
im bett telefonieren
im bett keine anrufe entgegennehmen
davon träumen, nicht ständig im bett zu sein

single ist alles im bett,
alles
außer gesellschaft.

the loneliest sweet potato

i am at the grocery store because i feel sad. i feel sad because nobody is in love with me. nobody is in love with me but everybody loves me. everybody loves me because i'm good at making people feel good. i'm good at making people feel good because i have had a lot of practice on myself. practice on myself because i feel sad a lot. i feel sad a lot, but when i make people feel good, i feel good for a little bit. i feel good for a little bit, until i get lonely. i get lonely and i am uncomfortable in my lonely. at the grocery store i practice trying to make myself feel good by pretending i am a regular person buying her groceries & not a very sad person trying to distract herself from crying. crying gives me a headache. headaches make me want to crawl into bed. crawling into bed is what sad people do. what sad people do when they are lonely looks a lot like me at the grocery store. at the grocery store, i feel sad but i look just like everybody else while picking out avocados. or lemons. items no one refers to as comfort food. comfort food makes me want to crawl into bed. crawling into bed reminds me of two things: i am sad & i am alone. i am alone, in the grocery store, moving slow in the condiment aisle. in the condiment aisle important decisions are made & everybody knows it is perfectly acceptable to stand around for too long. stand around for too long & i will begin to tap dance. *tap dance lonely in the condiment aisle is a great title for a book*, i think, as i wait in line to reach the cashier. the cashier seems surprised when i ask her how her night is going. her night is going okay, she says. she says nothing else, except: cash, credit, or debit? she waves goodbye. goodbye is the saddest word i know. the saddest word you know is my name. my name walks around at the grocery store & feels less sad. less sad, because at the grocery store, at least nobody knows there is nobody in love with me.

die einsamste süßkartoffel

ich befinde mich im lebensmittelgeschäft, weil ich traurig bin. ich bin traurig, weil niemand in mich verliebt ist. niemand ist in mich verliebt, aber jeder liebt mich. jeder liebt mich, weil ich gut darin bin, menschen ein gutes gefühl zu geben. ich bin gut darin, menschen ein gutes gefühl zu geben, weil ich häufig an mir selbst gearbeitet habe. ich arbeite an mir selbst, weil ich häufig traurig bin. ich bin häufig traurig, aber wenn ich menschen ein gutes gefühl gebe, fühle auch ich mich für eine kleine weile gut. ich fühle mich für eine kleine weile gut, bis ich einsam werde. ich werde einsam und fühle mich unwohl in meiner einsamkeit. im lebensmittelgeschäft versuche ich, mir selbst ein gutes gefühl zu geben, indem ich vortäusche, eine ganz normale person zu sein, die ihre lebensmittel einkauft, & nicht eine sehr traurige person, die versucht, sich vom weinen abzulenken. weinen bereitet mir kopfschmerzen. kopfschmerzen wecken in mir den wunsch, ins bett zu kriechen. ins bett zu kriechen ist das, was traurige menschen tun. was traurige menschen tun, wenn sie einsam sind, hat viel mit mir im lebensmittelgeschäft zu tun. im lebensmittelgeschäft bin ich traurig, sehe aber genauso aus wie jeder andere, der gerade avocados aussucht. oder zitronen. esswaren, die niemand als trostspeisen bezeichnet. trostspeisen wecken in mir den wunsch, ins bett zu kriechen. ins bett zu kriechen erinnert mich an zwei dinge: ich bin traurig & ich bin allein. ich bin allein, im lebensmittelgeschäft, und bewege mich langsam durch den gewürzgang. im gewürzgang werden wichtige entscheidungen getroffen & jeder weiß, es ist vollkommen akzeptabel, ewig lange dort herumzustehen. steh ewig lange herum & ich beginne einen stepptanz. *einsamer stepptanz im gewürzgang ist ein großartiger titel für ein buch*, denke ich, in der schlange wartend, um zur kassiererin zu gelangen. die kassiererin scheint überrascht, als ich sie frage, wie ihr abend verlaufe. ihr abend verlaufe gut, sagt sie. sie sagt nichts sonst, außer: barzahlung, kreditkarte oder scheck? sie winkt zum abschied. *abschied* ist das traurigste wort, das ich kenne. das traurigste wort, das du kennst, ist mein name. mein name geht umher im lebensmittelgeschäft & ist weniger traurig. weniger traurig, weil im lebensmittelgeschäft wenigstens niemand weiß, dass niemand in mich verliebt ist.

that awkward moment

when October
uses his hands
to make shadow puppets
against the supermoon:
a dog ... a butterfly ...
& all
i can think
is
what is the moon
if not a magician
all i can think
is
the night sky is a lid
with pinholes
all i can think
is
his hands
will never
hold my body
holy
as a prayer
between them.

dieser unangenehme moment

wenn der oktober
seine hände benutzt,
um schattenspielfiguren zu entwerfen
vor dem supermond –
einen hund ... einen schmetterling ...
& ich nichts anderes
denken kann
als:
was ist der mond,
wenn nicht ein zauberer,
ich nichts anderes denken kann
als:
der nachthimmel ist ein deckel
mit nadellöchern,
ich nichts anderes denken kann
als:
seine hände
werden niemals
meinen körper halten,
heilig
wie ein gebet
zwischen ihnen.

minnows

i have minnows in my stomach.

i swallowed them singing to you underwater.

you once told me as a child,
you seldom remembered to feed your fish.

my body is a fishbowl i have caught you watching.

you can thank my ballet training for teaching me
how to hold my body
like a champagne flute in the hand of a debutante.

i started drinking again to control my inside tides.

i continue drinking to keep the minnows alive.

i have minnows in my stomach.

at first, i thought they were butterflies.
the butterflies turned out to be your hands making shadows.

remember
that night we fell asleep with the candles burning?
the school of flickering light that swam across the wall –
i imagined i was inside of an aquarium exhibition
featuring the fish inside of you. they were
beautiful.

i have minnows in my stomach.
they are hungry.

elritzen

ich habe elritzen im bauch.

ich habe sie verschluckt, als ich unter wasser zu dir sang.

einmal hast du mir erzählt,
dass du als kind selten daran dachtest, deine fische zu füttern.

mein körper ist ein fischglas,
ich habe dich dabei ertappt, wie du mich beobachtest.

du kannst meiner ballettausbildung danken, dass ich gelernt habe,
meinen körper zu halten
wie eine champagnerflöte in der hand eines reichen partygirls.

ich habe wieder zu trinken begonnen,
um meine inneren gezeiten zu beherrschen.
ich trinke weiter, um die elritzen am leben zu erhalten.

ich habe elritzen im bauch.

zuerst meinte ich, es wären schmetterlinge.
die schmetterlinge entpuppten sich als deine hände,
die schatten warfen.

erinnerst du dich
an jene nacht, als wir bei brennenden kerzen einschliefen?
an den schwarm flackernder lichter, die über die wand schwammen?
ich stellte mir vor, in einer aquariumausstellung zu sein,
die die fische in deinem innern zeigt.
sie waren wunderschön.

ich habe elritzen im bauch.
sie sind hungrig.

starving.

is it that you are forgetful or sadistic?

i have minnows in my stomach that are going to die soon.

i've turned the top two chambers of my heart into a mausoleum
in anticipation. engraved each tiny tombstone with my fingernail,
i gave each fish its own nickname.

—

i had minnows in my stomach.

there is a stillness now.

a small condolence:
their face down float
was the closest they ever came to being
butterflies.

—

it's my twenty-sixth birthday.
he arrives to my quasi-adult potluck dinner party

holding three styrofoam containers of seaweed salad
from the sushi spot
on the corner.

he says:
>   *little lady,*
>   *i'm sorry it took me so long to get here.*
>   *i hope i'm not too late for the party.*

sie verhungern.

ist es so, weil du vergesslich und sadistisch bist?

ich habe elritzen im bauch, die bald sterben werden.

in erwartung dessen habe ich die obersten beiden kammern meines
herzens in ein mausoleum verwandelt, jeden winzigen grabstein mit
meinem fingernagel graviert, jedem fisch seinen eigenen spitznamen
gegeben.

—

ich hatte elritzen im bauch.

jetzt herrscht stille.

eine kleine anteilnahme:
mit ihren abwärts gewandten gesichtern
waren sie dem dasein der schmetterlinge
so nah wie noch nie.

—

es ist mein sechsundzwanzigster geburtstag.
er erscheint bei meiner quasi erwachsenen dinnerparty, zu der jeder
etwas zu essen mitbringt,
und hält in händen drei styroporbehälter mit seealgensalat
vom sushi-laden
an der ecke.

er sagt:

kleine lady,
tut mir leid, dass ich so lange brauchte, um hier einzutreffen.
ich hoffe, ich komme nicht zu spät zu der party.

better together
a Jack Johnson erasure

I believe in memories

But there is not enough time

better together
Jack Johnson, gelöscht

Ich glaube an erinnerungen

Aber es bleibt nicht genug zeit

magic trick 001

the girl gets carried away.

she is the sugar cube,
love is the cup of
darjeeling – she
dissolves,
faster
than
you
think
she
will.

zaubertrick 001

das mädchen wird mitgerissen.

sie ist der zuckerwürfel,
die liebe die tasse mit
Darjeeling – darin
löst sie sich auf,
schneller,
als
du's
dir
gedacht
hast.

(i)

i drink my coffee black. every morning. i like how looking at you
makes me feel. twice i asked to kiss you. the second time, there was

a lump in my throat. i like to believe it was a metaphor. a plain
tumor is all it was. i have woken up
looked in the mirror & thought damn i look good
today. if i am late it is because i don't know
how to plan time.

cut to me blushing. laughing, of course. we were
no full moon. in my poems you are the dream of you.
the falling stars are just glitter just thousands of tiny LED lights
poured down from the sky. that july was a fire that minded its own
business. the following june was just thirty days the moon was
a strawberry. it wasn't the drugs the shadows on the ceiling
weren't dancing again.

i was walking backwards when i met you. you are not the first
boy who i wrote into existence, or loved.
that thought unties my shoelaces.

once, we were a crescent moon, weightless as a smile.

i love you. still. i'm not sorry. i don't want to write about you anymore.

let's see how long we can go without talking. this time,
if we really try, maybe i will forget your birthday. i miss you,

but i don't wish you were here.

(I)

ich trinke meinen kaffee schwarz. jeden morgen. ich mag, welche gefühle
dein anblick in mir erweckt. zwei mal bat ich, dich zu küssen. das
                                          zweite mal steckte mir
ein kloß im hals. ich möchte glauben, es war ein sinnbild. ein
einfacher tumor war's, nichts weiter. ich bin munter geworden,
habe in den spiegel geschaut & gedacht: *verdammt, ich seh gut aus*
heute. wenn ich zu spät komme, dann deshalb, weil ich die zeit
nicht einzuteilen weiß.

schnitt zu mir, errötend. lachend, selbstverständlich. wir waren
kein vollmond. in meinen gedichten bist du der traum von dir.
die fallenden sterne sind nur geglitzer, nur tausend winzige LED-lichter,
vom himmel herabgegossen. jener juli war ein feuer, allein mit sich beschäftigt. der folgende juni nichts als dreißig tage, der mond
eine erdbeere. es waren nicht die drogen, die schatten an der decke
tanzten nicht wieder.

als ich dir begegnete, ging ich rückwärts. du bist nicht der erste
junge, dem ich schreibend eine existenz verlieh oder den ich liebte.
dieser gedanke löst mir die schnürsenkel.

einmal waren wir ein sichelmond, schwerelos wie ein lächeln.

ich liebe dich. noch immer. es tut mir nicht leid. ich möchte über dich nicht
                                          mehr schreiben.
sehen wir, wie weit wir kommen, ohne zu reden.
wenn wir uns wirklich bemühen, werde ich diesmal vielleicht deinen
                              geburtstag vergessen. ich vermisse dich,
aber ich wünsche mir nicht, du wärest hier.

(II)

you don't like coffee. you like what it does to your body,
you like the way coffee makes your body feel. so you take your cream
& sugar with coffee. i'm not sure why you kissed me back
the first time. i suspect you
liked what it did to your body; you
liked the way my kiss made your body
feel. once. i let you wrap your palms around my neck
to feel the tumor ride my throat like an elevator.

you wear sweat shorts & i still want to fuck you. once.
you gave me a bouquet of pink roses or was it a fury of
your puckered lips? when your elbow found mine in that crowd
after a year of our mouths not speaking i was not happy to see you i was

relieved. once you said a person is either
a peacekeeper or a pot stirrer. we both know
which i am. i bet you think you're a peacekeeper. i bet

you think magicians don't exist.

you are the first dizzy wind spell to trip my tornado.

once, you smiled in my direction & balloon on the loose
there i went so high i forgot which came first you or the dream
of you.

you told me, once, after work, you took the bus all the way

west to watch the sunset, only to miss it. you said
you were so glad you made it to me on time.

if you came back, i would not ask why.
you may say none of this ever happened.

du magst keinen kaffee. du magst, was er mit deinem körper macht,
du magst, wie er dein körpergefühl beeinflusst. so nimmst du
sahne & zucker mit kaffee. ich bin mir nicht sicher, warum
du mich beim ersten mal zurückgeküsst hast. ich vermute, du mochtest, was es
mit deinem körper machte; du mochtest,
wie mein kuss dein körpergefühl beeinflusste. einmal. ich ließ dich
deine handflächen um meinen nacken schlingen,
um den tumor zu spüren, der wie ein aufzug durch meinen hals fuhr.

du trägst sweatshorts & noch immer will ich dich vögeln. einmal.
du schenktest mir einen strauß rosaroter rosen – oder war es die wildheit
deiner geschürzten lippen? als in jenem gedränge dein ellbogen den meinen fand
nach einem jahr, in dem unsere münder geschwiegen hatten, war ich nicht froh,
dich zu sehen,
ich war erleichtert. einmal hast du gesagt, ein mensch sei entweder
ein friedenswächter oder ein unruhestifter. wir wissen,
welcher von beiden ich bin. ich wette, du hältst dich für einen friedenswächter.
ich wette,
du glaubst nicht an zauberer.

du bist der erste schwindelerregende windzauber, der meinen
wirbelsturm entfacht.
einmal hast du in meine richtung gelächelt & der ballon hob ab.
so hoch flog ich, dass mir entfiel, wer zuerst kommt: du oder der traum
von dir.

einmal hast du mir erzählt, dass du nach der arbeit den bus nahmst, um
die ganze strecke nach westen zu fahren,
den sonnenuntergang zu beobachten und ihn dann doch zu verpassen.
du sagtest, du warst so froh, es rechtzeitig bis zu mir geschafft zu haben.

kämst du zurück, würde ich nicht nach dem warum fragen.
vielleicht sagst du, nichts von dem sei je geschehen.

so, i'm talking to depression...

& i'm like blah blah blah whatever sabrina
who? i am whatever you last called me in my head
y'know? except i'm not nothing
i have a heavy pulse which is a kind
of thing like a zip a dee doo dah
between my orgasms i try not to cry i laugh
at all the jokes my friends say to me on my birthday
i ask my grandmother for an apple pie i draw
a lot of lines they don't mean a thing to you
you are an invisible bone that i
caught & can't stop writing poems about
i mean living (ha!) i am
the strangest of days same as you
who cares i'm just trying to be less predictable
anyway you slip me a fog you are molasses
or something like molasses whatever i am
softer than i think you are even if i have
a mouth like a smoking
gun that does not
know where
the bullets
went

also spreche ich zur depression

& bin wie *blablabla* irgendeine Sabrina.
wer? ich bin, wie auch immer du mich zuletzt in meinem kopf genannt hast,
verstehst du? außer dass ich nicht nichts bin.
ich habe einen schweren puls, der
so etwas ist wie ein *zip-a-dee-doo-dah.*
zwischen meinen orgasmen versuche ich nicht zu weinen, ich lache
über alle witze, die meine freunde mir an meinem geburtstag erzählen.
ich bitte meine großmutter um einen apfelkuchen, ich ziehe
vielerlei grenzen, die dir allerdings überhaupt nichts bedeuten.
du bist ein unsichtbarer knochen, den ich mir
geholt habe & kann nicht aufhören, gedichte darüber zu schreiben,
zu leben, meine ich (ha!). ich bin
der seltsamste der tage, genauso wie du,
wen kümmert's. ich versuche nur, weniger durchschaubar zu sein.
jedenfalls hüllst du mich in einen nebel, du bist melasse
oder ähnlich wie melasse, was immer ich bin,
weicher als ich dachte, selbst wenn ich
einen mund habe wie ein rauchender
colt, der nicht
weiß, wohin
die kugeln
flogen.

girl beside you

the girl sitting
diagonally
across from me
on the subway
        let's call her curly hair
is carrying
a small bouquet
of lavender
wrapped in
brown paper
held together
by a neat twine bow

curly hair is watching
the girl standing
diagonally
across from her
        let's call her crimson lipstick
do the crossword

crimson lipstick is wearing
headphones
& holding
an enviable focus
in her eyes
which are
entirely absorbed
in the puzzle

sitting
curly hair
with the purple flowers
has sad ladybug eyes

das mädchen neben dir

das mädchen,
das mir in
der u-bahn schräg
gegenübersitzt,
      nennen wir es lockenhaar
trägt einen kleinen
lavendelstrauß
in der hand,
eingewickelt in
braunes papier,
zusammengehalten von einer
hübschen zwirnschleife.

lockenhaar beobachtet
das mädchen,
das ihr schräg
gegenüber steht
      nennen wir es purpurroter lippenstift
und kreuzworträtsel löst.

purpurroter lippenstift trägt
kopfhörer
& bewahrt
eine beneidenswerte konzentration
in seinen augen,
die völlig
versunken sind
ins rätsel.

das sitzende
lockenhaar
mit den violetten blumen
hat traurige marienkäferaugen

& each time
we reach a station
they search
frantically
the platform
of waiting-to-be-passengers

curly hair gets off the train
with crimson lipstick
at the same
stop
they never
make eye contact

      i don't know how to connect in a world like this;

      in times like these,
      where i can't even speak about myself in first person.

& jedes mal,
wenn wir eine station erreichen,
suchen sie
fieberhaft
den bahnsteig ab,
wo jene darauf warten, fahrgäste zu sein.

neben purpurroter lippenstift
steigt lockenhaar
am gleichen
halt aus,
aber nie stellen beide
einen blickkontakt her.

      ich weiß nicht, wie ich in einer welt wie dieser verbindung
                        aufnehmen soll;
      in zeiten wie diesen,
      da ich nicht einmal in der ersten person über mich sprechen
                        kann.

a plain truth

on the days i wake up
& my name is a euphemism
for depressed, or anxious, or whatever;
i drink my coffee while the inanimate objects
in my apartment talk at me.
i do not try to make out anything they are saying.
i cannot tell you the number of times i put my hair up
into a bun only to take it right back down
because i am afraid of the kink the elastic will leave. it's
exhausting. what they don't tell you about self-care,
that it can make you feel like you are the coach,
the captain, & every.other.player.
oh, & the mascot.
it can make you feel especially like the mascot.

eine ungeschminkte wahrheit

an den tagen, da ich aufwache
& mein name ein beschönigendes wort ist
für deprimiert oder ängstlich oder was auch immer,
trinke ich meinen kaffee, während die unbelebten gegenstände
in meiner wohnung zu mir sprechen.
ich versuche nichts von dem herauszufinden, was sie mitteilen.
ich kann dir nicht sagen, wie oft ich meine haare zu einem knoten hoch-
gesteckt habe, nur um sie dann gleich wieder zu lösen,
weil ich angst habe vor dem knick, den das gummiband hinterlässt.
das ist ermüdend. was man dir nicht sagt über selbstpflege:
dass sie dir das gefühl geben kann, der coach zu sein,
der spielführer & jeder ... andere ... spieler.
oh, & das maskottchen.
sie kann dir das gefühl geben, vornehmlich das maskottchen zu sein.

magic trick 002

the girl learns to fly.

she is a fish.
the hook is in the water.
she willingly thrusts her body onto the hook
all for a better look at the stars.

zaubertrick 002

das mädchen lernt fliegen.

es ist ein fisch.
der haken liegt im wasser.
willig wirft es seinen körper auf den haken,
nur um einen besseren blick auf die sterne zu haben.

dear Beyoncé (I)

why is it all so heavy ... why does my heart insist on being
a carriage of arms ... happiness a bag of sugar too big for
my bird bones ... will Kentucky always be there ... a folded
faded love note in my every back pocket ... put my pen to
paper the first thing to come out is yesterday's name ... the
inelegant haunt of memory ... i just want to be free ... is
it okay if my definition of free is yet to be determined ...
when the sky fell ... you would think i would have run ...
i stood cemented in the relief there was nowhere else to
go ... is that freedom ... is sleep time travel ... is time a
sleeping language ... will time tell ... why are our bodies
sandcastle clocks built with hands in perpetual prayer to
slow the dissolve of time ... do the clocks know their only
job is to evenly measure out our lifespans ... do the stars
know they are ghosts the way we know we might never
be ... & where are our wings ...

liebe Beyoncé (I)

warum ist alles so schwer ... warum besteht mein herz darauf, ein waffenträger zu sein ... das glück ein beutel voller zucker, zu schwer für meine vogelknochen ... wird Kentucky immer da sein? ... ein gefalteter, verblichener liebesbrief in jeder meiner gesäßtaschen ... setze ich meinen stift aufs papier, erscheint als erstes der name des gestern ... der stillose spuk der erinnerung ... ich möchte einfach frei sein ... ist es okay, wenn meine definition von »frei« noch ermittelt werden muss? ... als der himmel herabstürzte ... du würdest denken, ich wäre davongerannt ... doch ich war einzementiert in die erleichterung, nirgendwo sonst hingehen zu können ... ist das freiheit? ... ist schlafenszeit eine reise? ... ist zeit eine schlafende sprache? ... kommt zeit, kommt rat? ... warum sind unsere körper sanduhren, angefertigt mit händen im fortwährenden gebet, das verfließen der zeit zu verlangsamen? ... wissen die uhren um ihre einzige aufgabe, unsere lebensspanne gleichmäßig auszumessen? ... wissen die sterne, dass sie geister sind, wie wir es unseres wissens vielleicht niemals sein können? ... & wo sind unsere flügel?

how to unfold a memory // the kentucky heartbreak shuffle

a wink & a crooked smile. chorus of cracking knuckles: a concert of injuries. the fireflies, bats, June bugs, & i; we all saw you watching. the crickets chirped grateful for the angel's share, like *gawdamn, this air tastes delicious.*

speaking of bourbon, Kentucky was barrels on barrels. cornmeal fried catfish, clocks with roman numerals, & the street lamps. ooh, the street lamps. wrap around porches, the porch swings, the American flag – i know, there is nothing romantic about colonialism, but there was something about the architecture that whispered secret sticky sweet nothings. i was stuck in the roundabout. i was inside looking out, finally.

see, i had been going in circles swallowing words. dizzy, i had to lie down before the church. at midnight, i had to lay time flat & still the treetops. fireflies, bats, June bugs & i, we all stood watching the ghost ships of light sail the sea-sky.

silent treatment: the fantastic devastation of unwanted silence. that heavy slink; how it hangs with purpose; mean, easy. my tongue, well trained in the sit-still,
it's my hands that can't keep a secret. my legs, too eager to run
into the music,

i went looking for our bridge to burn. & a river bank to drown the flames, stifle the heat. Kentucky was hot; all bare foot & blue flame. i wouldn't say i could see the music, but the music could see me; bare bone wind chime. bare skin dunked in: swimming pool day dreams. full moon feelings. that can't take my eyes off of you. the sticky hands of lust tip-toeing earthquake. it was always & never the right time.

one might have found me akin to a scoop of ice cream atop soda pop bubbles: light as air, without care for the impending melt.

wie man eine erinnerung entfaltet // der Kentucky heartbreak shuffle

ein zwinkern & ein schiefes lächeln. chor knackender knöchel: ein konzert der verletzungen. die glühwürmchen, fledermäuse, junikäfer & ich; wir alle sahen, wie du sie beobachtet hast. die grillen, dankbar für den anteil der engel, zirpten, so was wie *verdammt, diese luft schmeckt köstlich.*

apropos bourbon, Kentucky war fässer über fässer. gebratener seewolf mit maismehlkruste, uhren mit römischen ziffern & die straßenlampen. ooh, die straßenlampen. um vorbauten gewickelt, um hollywoodschaukeln, die amerikanische flagge – ich weiß, der kolonialismus hat nichts romantisches, aber die architektur war so, als flüsterte sie geheime, klebrig-süße worte. ich steckte fest im karussell. ich befand mich im innern und blickte nach draußen, endlich.

schau, ich war in kreisen gegangen, wörter schluckend. schwindlig musste ich mich vor der kirche hinlegen. um mitternacht musste ich die zeit flachlegen & die baumkronen beruhigen. glühwürmchen, fledermäuse, junikäfer & ich, wir alle standen da und beobachteten die geisterschiffe des lichts über den meerhimmel segeln.

stille behandlung: die fantastische verwüstung unerwünschter stille. dieses bedrückende schleichen, wie es absichtlich durchhängt, mühelos, meine ich. meine zunge, gut ausgebildet
im stillsitzen; es sind meine hände, die kein geheimnis hüten können. meine beine, zu erpicht darauf,
in die musik zu laufen.

ich ging los, um unsere brücke brennen zu sehen. & wie ein flussufer dann die flammen ertränkt, die hitze erstickt. Kentucky war heiß; alles barfüßig & blaue flamme. ich würde nicht sagen, dass ich die musik sehen konnte, aber die musik konnte mich sehen; windspiel nackter knochen. nackte haut, getaucht in: swimmingpool-tagträume. vollmondgefühle. das kann meine augen nicht von dir abwenden. die klebrigen hände der lust, ein erdbeben der zehenspitzen. es war immer & niemals der richtige zeitpunkt.

man hätte mich finden können, einer kugel eis auf limonadenblasen ähnlich: leicht wie luft, unbesorgt um das bevorstehende schmelzen.

i plucked a daisy in Kentucky. it told me that you loved me. i left
your love there. there in the dancing around, dancing through, dancing
on the spot where i buried my expectations. & the wanting of it all. the
truth hurts less when it is not parading around in front of us. love, that
great & terrible handsome beast, trace me back to it by a trail of smoke.

i only doused myself in gasoline when you handed me that match
because i was tired of being a metaphor. why is it
always about burning?
in Kentucky, there is a pile of bricks where a bridge could not
measure the space between us.
there is a condition called the rapture of the deep. it occurs when a
deep sea diver spends too much time at the bottom of the ocean & cannot tell which way is up. you have always been asleep in a different bed
in the same room. Kentucky felt like
impossible nostalgia.
i saw you looking back.
i remember i saw you looking back because i was
looking forward.
my jaw was a clenched fist i could not throw. the truth hurts loudest

when you toss it around,
& the echo ... the echo is what drives girls like me

mad with remembering.

in Kentucky pflückte ich ein gänseblümchen. es sagte mir, dass du mich liebst. ich ließ deine liebe dort zurück. dort in dem tanzen ringsum, im durchtanzen, auf der stelle tanzend, wo ich meine erwartungen begrub. & der mangel an all dem. die wahrheit schmerzt weniger, wenn sie nicht vor uns paradiert. liebe, jenes großartige & schreckliche biest, führe mich zurück zu ihr durch eine rauchspur.

ich begoss mich mit benzin erst, als du mir dieses streichholz reichtest, denn ich hatte genug davon, eine metapher zu sein. warum geht es immer ums brennen?

in Kentucky gibt es einen stapel backsteine, dort könnte eine brücke nicht den raum zwischen uns messen.

es gibt einen zustand, tiefenrausch genannt. er tritt ein, wenn ein tiefseetaucher zu viel zeit am meeresboden verbringt & nicht mehr weiß, wo es nach oben geht. du hast immer im gleichen zimmer in einem anderen bett geschlafen. Kentucky fühlte sich an
wie eine unmögliche nostalgie.

ich sah dich zurückblicken.

ich erinnere mich, dass ich dich zurückblicken sah,

weil ich vorwärts blickte.

mein kiefer ist eine geballte faust, mit der ich nicht zuschlagen konnte.

die wahrheit schmerzt am lautesten,

wenn man sie hin und her wirft,

& das echo ... das echo ist das, was mädchen wie mich verrückt

macht mit erinnerungen.

house of cards
a Radiohead erasure

I don't wanna be
                your lover
          how it ends

Forget about

         the table

The   collapse

     your keys in the
     Kiss   good night
Forget   your house
       mine
      your house
&   mine

       be burning

house of cards
Radiohead, gelöscht

Ich will nicht

                deine geliebte sein
          wie es endet

Vergiss das

          der tisch

Der   zusammenbruch

      deine schlüssel in der
Gib   einen gutenachtkuss
Vergiss   dass dein haus
        meins
         dein haus
&   meins

           brennen wird

how to fold a memory

our brains remember the infliction
of pain, be it physical, psychological, or emotional.
we remember this hurt as a means to avoid it in the future.

let's start at the beginning.
i remember the shape my hand held while in yours,
like origami prayer, or flower petals returning home.
i remember the rose petals falling from your fingers,
leading from the doorway to the bedroom like a
trail of breadcrumbs, or drops of blood.
the scent of cinnamon, how you would sprinkle it into my coffee
like fresh ground snowflakes.
i can't take cinnamon in my coffee
without getting hungry for your laughter.
i am hungry for your laughter, but my mouth tastes like the slow
dissolve of the last i love you that refused to leave it.

i remember the river. how we danced to the sound of it rushing.
how you hummed Radiohead in harmony.
that song haunts my house of cards. i wish it would collapse.
i wish i could forget how i got here.
how did i get here? i was carried in the teeth
of your charm, or i walked.
i marched. i was a turning cheek parade.
i wasn't paying attention to the highlighted route,
or there was no map, i got lost.

with every journey back into our past, it becomes harder

to find our way there.
our brains are constantly rerouting the paths, rewriting
what we remember.

wie man eine erinnerung zusammenfaltet

> unsere gehirne erinnern sich an den zugefügten
> schmerz, sei er physisch, psychisch oder emotional.
> wir erinnern uns an diese verletzung als ein mittel,
> > sie in der zukunft zu vermeiden.

beginnen wir am anfang.
ich erinnere mich an die form meiner hand, die sie in der deinen behielt,
wie ein origami-gebet oder blütenblätter, die heimkehren.
ich erinnere mich an die rosenblätter, die von deinen fingern fielen,
vom eingang bis zum schlafzimmer führten wie eine
spur brotkrümel oder blutstropfen.
der duft von zimt, wie du ihn in meinen kaffee streutest
gleich frisch gemahlenen schneeflocken.
ich kann keinen zimt in den kaffee nehmen,
ohne hungrig zu werden nach deinem lachen.
ich bin hungrig nach deinem lachen, aber mein mund schmeckt wie das
langsame sichauflösen des letzten *ich liebe dich*, das sich weigerte,
> ihn zu verlassen.

ich erinnere mich an den fluss. wie wir tanzten zu seinem rauschenden geräusch.
wie du melodisch Radiohead summtest.
dieser song spukt durch mein kartenhaus. ich wünschte, es würde einstürzen.
ich wünschte, ich könnte vergessen, wie ich hierher gekommen bin.
wie bin ich hierher gekommen? ich wurde in den zähnen
deines charmes getragen, oder ich ging zu fuß.
ich marschierte. wechselweise hielt ich meine wangen hin.
ich achtete nicht auf die markierte richtung,
oder es gab keinen plan, ich verlief mich.

> mit jeder reise zurück in die eigene vergangenheit wird es
> > schwieriger,
> unseren weg dorthin zu finden.
> ständig legen unsere gehirne eine neue route fest, schreiben
> um, was wir erinnern.

let's go to the end -
it was by Little Sugar Creek, in the warm Kentucky breeze,
we stood off unfolding in silence.
in silence, it's hard to tell what the other person
is thinking without looking them in the eyes.
you would not look me in the eyes.
so, by Little Sugar Creek, i let the warm breeze reach
you in place of my origami hands.

ever since, i have been practicing forgetting.
i've kissed the sky more times than i ever kissed you.
i inhale purple haze in an attempt to smoke out the correlation
between you & the scent of cinnamon.
i drink as if i am trying to save the world from drowning.
to get my memories so drunk,
they might forget themselves by morning.
but the trauma of daydreaming.
the curse of muscle memory; my body keeps your secrets.

how do i teach my mouth to shake out the reflection
of your etch-a-sketch smile?
my wrists, to forget the swoops and arcs of your name?

my ears, to hear songs without the ghost of you inside of them?

worse, i cannot tell in these spasms of remembering,
if the past tense keeps slipping into my present,
or if my present keeps slipping into the past.
still, my body wears your fingerprints like a home address.
i lose memories like baby teeth, but you
are a stubborn molar refusing to leave.

> we cannot control what we remember,
> but we can control how we remember.

begeben wir uns ans ende –
es war beim Little Sugar Creek, in der warmen brise von Kentucky,
wir hielten abstand, offenbarten uns im schweigen.
im schweigen kann man kaum aussprechen, was die andere person
denkt, ohne ihr in die augen zu sehen.
du wolltest mir nicht in die augen sehen.
so ließ ich beim Little Sugar Creek zu, dass die warme brise
dich berührte statt meiner origami-hände.

seither habe ich das vergessen eingeübt.
ich habe den himmel öfter geküsst, als ich dich je geküsst habe.
ich inhaliere purple haze, um den zusammenhang zwischen dir
& dem duft von zimt auszuräuchern.
ich trinke, als würde ich versuchen, die welt vor dem ertrinken zu retten;
meine erinnerungen derart betrunken zu machen,
dass sie sich bis zum morgen vielleicht selbst vergessen.
aber das trauma des tagträumens.
der fluch des muskelgedächtnisses; mein körper hütet deine geheimnisse.

wie bringe ich meinem mund bei, die widerspiegelung
deines *etch-a-sketch*-lächelns abzuschütteln?
meinen handgelenken, die steilen abhänge und bögen deines namens
                                        zu vergessen?
meinen ohren, songs anzuhören ohne den geist von dir in ihrem innern?

schlimmer noch, in diesen zuckungen des erinnerns weiß ich nicht,
ob die vergangenheit weiterhin in meine gegenwart gleitet
oder ob meine gegenwart weiterhin in die vergangenheit gleitet.
dennoch trägt mein körper deine fingerabdrücke wie eine heimatadresse.
ich verliere erinnerungen wie milchzähne, aber du
bist ein hartnäckiger backenzahn, der nicht weichen will.

        wir können nicht kontrollieren, was wir erinnern,
        wohl aber, wie wir erinnern.

i shake cinnamon into my coffee, & i don't think of you.
i write your name over & over, until it no longer has any meaning.

i fold my memories of you, craft them paper wings,
in hopes they might one day drift into amnesia,
& you might leave me,
without a trace.

ich schüttle zimt in meinen kaffee & denke nicht an dich.
ich schreibe deinen namen wieder & wieder, bis er keinerlei bedeutung
mehr hat.
ich falte meine erinnerungen an dich zusammen, hefte ihnen papierflügel an,
in der hoffnung, dass sie eines tages in die amnesie entschweben
& du mich verlässt,
ohne eine spur.

gravity speaks

if i am holding you without hands,
how am i supposed to let go?

die schwerkraft spricht

wenn ich dich ohne hände halte,
wie soll ich dann loslassen?

the other side of a memory

we could have told you
she wasn't herself since the tenth grade
sure, she still had a laugh like electricity
still went to dance class
put on mascara each morning for school
but something was off
something like how a light switch will still turn on
a half burnt bulb
it was hard to tell if she was a stubborn surge
or a tired, dimming circuit
then she started working weekends
stopped making it for dinner on Sundays
when she did she looked exhausted
but she was always missing our calls
telling us she had been asleep
she had never been one to lie
so we believed her
we wanted to believe her when she said she was fine
just fine / all right / okay / busy / good / okay / fine

we thought she would have come to us
if she was having any trouble we would have done anything
to help
all we've ever wanted was for her to be happy

for my nineteenth birthday, my brother gifted me
the board game hungry hungry hippos,
he said it was so i could play with my friends.
he was referring to the hippos.

we did not understand why she would not stop crying
even when we held her down to the couch begging her to

die andere seite einer erinnerung

wir hätten euch mitteilen können,
dass sie seit der zehnten klasse nicht sie selbst war.
gewiss, sie hatte weiterhin ein lachen wie elektrizität,
besuchte nach wie vor den tanzunterricht,
trug jeden morgen mascara für die schule auf,
aber etwas in ihr war ausgeschaltet,
ungefähr so, als würde eine halb durchgebrannte glühbirne
nur noch einen trüben schimmer verbreiten.
schwer zu beurteilen, ob sie eine art eigensinnige
überspannung war oder ein müder, schwächer werdender stromkreis.
dann begann sie, an den wochenenden zu arbeiten,
schaffte es an sonntagen nicht, zum abendessen zu kommen,
und wenn doch, sah sie erschöpft aus.
außerdem verpasste sie dauernd unsere anrufe
und meinte hinterher, sie habe geschlafen.
sie war nie eine gewesen, die lügengeschichten erzählte,
also glaubten wir ihr.
wir wollten ihr glauben, als sie sagte, es gehe ihr gut,
bestens / alles in ordnung / kein problem / sie sei beschäftigt / wohlauf / okay /
                                                                    in form.
wir dachten, sie würde sich an uns wenden,
falls ihr irgendetwas sorgen bereitete, wir hätten alles getan,
um zu helfen.
es war immer unser größter wunsch, dass sie glücklich ist.

zu meinem neunzehnten geburtstag schenkte mir mein bruder
das gesellschaftsspiel *Hippo Flipp* mit murmelfressenden nilpferden.
er erklärte, so könne ich mit meinen freunden spielen.
damit bezog er sich auf die nilpferde.

wir haben nicht verstanden, warum sie nicht aufhörte zu weinen,
selbst wenn wir sie auf dem sofa festhielten und anflehten, sich zu beruhigen.

on releasing light

in some stories,
the protagonist has to kill the bad thing to release its light.

in my story,
i am the protagonist & the bad thing,
i have to learn how to bend the light out of myself.

                                        i can do that magic.

über die freisetzung des lichts

in manchen geschichten
muss der protagonist das böse töten, um dessen licht freizusetzen.

in meiner geschichte
bin ich die protagonistin & das böse.
ich muss lernen, wie ich das licht aus mir selbst herauspresse.

                                    diese zauberkunst beherrsche ich.

magic trick 003

the girl performs her first spell.

during a fit of anger, she breaks
her own heart in a parking lot at Disneyland as her father watches on.
inside of her heart was a skipping stone,
the heart pieces assemble into a tiny hummingbird that flies
back into the girl's chest,
but it metabolizes her love so quickly,
it is always moments away from starving to death.

zaubertrick 003

das mädchen führt seinen ersten zauber aus.

während eines wutanfalls zerbricht es
auf einem parkplatz in Disneyland das eigene herz. sein vater schaut zu.
im innern des herzens liegt ein hüpfender stein,
die herzteile fügen sich zusammen zu einem winzigen kolibri, der
zurückfliegt in die brust des mädchens.
aber er wandelt dessen liebe so schnell um,
dass er immer nur momente davon entfernt ist, vor hunger zu sterben.

poem from last august california trip //
yearly maintenance

the notice taped to the door
said:
everything off the counters.
so we took everything off.

the coffee maker

olive oil

blame

& take a look at all this grey speckled marble;
so smooth,
unlike our fitful conversations.

a blender

the cutting board

don't worry –
the knives are kept in drawers:

three sets of keys

hers,
& father's,
& mine are father's too.

two loaves of bread

a box of tea

step-mother drinks tea,
& father drinks coffee,
& i drink father's coffee too.
it's all hot under the surface.

a small watermelon

father cuts me off mid-sentence,

the toaster

unplugged but still warm.
once we've finished,
father turns on the tv.
he puts on something funny
so we can laugh,

gedicht von der kalifornienreise im letzten august // jährliche wartung

die an die tür geklebte notiz
lautete:

    alle küchentheken freiräumen

also räumten wir alles weg:

    die kaffeemaschine

    das olivenöl

    die schuldzuweisung

& warfen einen blick auf diesen grau gesprenkelten marmor,
so gleichmäßig und glatt,
ganz anders als unsere sprunghaften, ruhelosen gespräche;

    einen mixer

    das schneidebrett

keine sorge –
die messer werden in schubladen verwahrt;

    drei schlüsselbunde

der ihre
& der des vaters
& meiner, der ebenfalls vater gehört;

    zwei brotlaibe

    eine teedose

stiefmutter trinkt tee
& vater trinkt kaffee
& ich trinke ebenfalls vaters kaffee.
alles ist heiß unter der oberfläche;

    eine kleine wassermelone

vater schneidet mir mitten im satz das wort ab;

    den toaster

ausgesteckt, aber immer noch warm.
sobald wir fertig sind,
schaltet vater den fernseher ein.
er wählt etwas lustiges,
damit wir lachen können

& laugh,
& forget
we'll have to put everything back tomorrow;
where we keep it, where it all goes.

& lachen
& vergessen ...
morgen werden wir alles zurückbringen müssen;
an den ort, wo wir es behalten, wo alles hingeht.

i press shuffle & Lauryn Hill come on ...

& all of a sudden
i am standing in
a June
some twenty-six moons ago
losing my bravery
in the maze
something about
the walls
being too white
& how neither of us
reach
for the purple crayons
scattered like dares
in the dry grass
we are silent
the whole walk
i'm thinking
about why i didn't do it
we stay silent
while moving smoothly
through mundane interactions
as if routine
that night
i did not ask
& you did not tell
but Lauryn Hill sang
nothing even matters
& we both
sang along
we both sang
out loud
nothing but you

ich drücke die shuffle-taste & es kommt Lauryn Hill

& urplötzlich
stehe ich in
einem juni
vor etwa sechsundzwanzig monden,
verliere meinen mut
im labyrinth –
irgendwas ist mit
den wänden,
zu weiß die farbe.
& keiner von uns
greift nach den
lila zeichenstiften,
im trockenen gras verstreut
wie wagnisse.
wir schweigen.
den ganzen spaziergang über
denke ich daran,
warum ich es nicht getan habe.
wir bleiben schweigsam,
indes wir uns sanft
durch gewöhnliche interaktionen bewegen,
als wären sie routine.
in jener nacht
habe ich nicht gefragt
& du hast nichts gesagt,
aber Lauryn Hill sang
nothing even matters
& wir beide
sangen mit,
wir beide sangen
lauthals
Nothing but you.

another plain truth

we hugged.
it was a good hug.
if there is such a thing as a hug so good i did not wish it were a kiss.

eine weitere ungeschminkte wahrheit

wir umarmten uns.

es war eine gute umarmung.

wenn es etwas so gutes wie eine umarmung gibt, wünschte ich mir

nicht, sie wäre ein kuss gewesen.

on the last gesture between us

so / i guess you could say / it wasn't that bad / & i might
be inclined to believe you / except / i know things / that
i can't explain / that make me almost positive / a wave
goodbye / on a full moon / means / let go / & go home /
& so i went / quietly into the night / with my swallow
/ & the Uber driver was very nice / turned around &
introduced himself to me / told me i looked like a jazz
girl & tuned the radio stations until the syrupy leak of
trumpet sweetened both of our lips into smiles / & then
he said here you go & turned it up / & i was grateful
for this stranger who understood me / who asked of me
nothing /left as much empty space in that silver sedan
as he could for the music / the medicine / i opened my
mouth to say thank you / but the thick wail of saxophone
slid down my throat / & again / quietly / i swallowed
my cry / into song / my cry / an instrumental mourning
/ the words / the words they are always changing / a
wave goodbye / is always a mocking lifeline / & i guess
you could say / my dark purple lipstick distraction plan
would have worked / if i hadn't worn my reaction like
too-thick black winged eyeliner that doesn't suit my
face / but it's fine / because i look like a jazz girl / &
right now / eyes closed & tears streaming & a little tipsy
letsbehonest / i am a jazz girl / a girl of pulled taffy / a
girl who will chew / a wave goodbye / for weeks / before
spitting it out / onto a page / into a song / titled: i think
i'll prefer you a stranger someday.

über die letzte geste zwischen uns

so / könntest du wohl sagen, / es war nicht wirklich schlecht / & vielleicht bin ich geneigt, dir zu glauben. / nur / weiß ich dinge, / die ich nicht erklären kann, die mich jedoch fast zuversichtlich stimmen. / ein winken zum abschied / bei vollmond / bedeutet: / lass los / & geh nach hause, / & so ging ich / still in die nacht / mit meinem schlucken. / der Uber-fahrer war sehr nett, / drehte sich um & stellte sich mir vor, / meinte, ich sähe aus wie ein jazzgirl, & wechselte von einem radiosender zum nächsten, bis der sirupartig ausströmende sound einer trompete unser beider lippen mit einem lächeln versüßte. / dann sagte er: bitte sehr!, und drehte die lautstärke hoch. / & ich war dankbar, dass dieser fremde, der mich verstand, / der mich nach nichts fragte, / in jener silbergrauen limousine so viel leeren raum wie möglich für die musik ließ, / die medizin. / ich öffnete meinen mund, um mich zu bedanken, / aber da rann mir das zähflüssige lamento eines saxofons die kehle hinunter. / wieder schluckte ich still meine tränen, / sie vermischten sich mit dem song, / mein weinen eine instrumentale klage. / die worte / die worte, sie verändern sich ständig. / ein winken zum abschied / ist immer eine spöttische rettungsleine, / & du könntest wohl sagen, / mein ablenkungsplan mit dunkelviolettem lippenstift hätte funktioniert, / wenn ich meine reaktion nicht wie einen extrem geschwungenen schwarzen lidstrich zur schau getragen hätte, der nicht zu meinem gesicht passt. / aber es ist okay, / weil ich aussehe wie ein jazzgirl / & in diesem moment, / augen geschlossen / & tränenüberströmt & mit einem leicht beschwipsten *seienwirehrlich,* / ein jazzgirl bin, / ein mädchen aus gezogenem Karamell, / ein mädchen, das ein winken zum abschied / wochenlang kauen wird, / um es dann auszuspucken / auf ein blatt papier / in einen song / mit dem titel: *ich denke, dass ich dich eines tages als fremden bevorzugen werde.*

poem from the moment after you left
for chimwemwe

& the truth is
i miss you already
the truth is
you're still here
in my heart
the truth is
we never truly know
if or where we will be
together again
but i look forward
with wide open arms
to that next time
when we find ourselves
sharing the glow we keep
instead of cavities in our teeth
& joking about time
how its passing
is nothing more
than a dream
how we are
never more
than a short slumber
away

gedicht von dem moment, nachdem du fortgegangen bist
für Chimwemwe

& die wahrheit ist:
ich vermisse dich bereits.
die wahrheit ist:
du bist noch immer da,
hier in meinem herzen.
die wahrheit ist:
wir wissen nie wirklich,
ob oder wo wir wieder
zusammen sein werden.
aber mit weit geöffneten armen
freue ich mich
auf dieses nächste mal,
wenn wir dabei sind,
die glut miteinander zu teilen, die wir anstelle
der löcher in unseren zähnen bewahren,
& über die zeit zu scherzen,
wie ihr vergehen
nicht mehr ist
als ein traum,
wie wir
niemals weiter
voneinander entfernt sind
als einen kurzen schlummer.

on platonic love being a real thing

while drinking pear cider / on E's rooftop / for K's birthday
/ S asks / do you remember your first kiss / i laugh / *yes* /
of course / *it was during a game of spin the bottle* / *look* / *he*
is sitting across from us / *at this table* / *right now* / A senses
our attention / looks at me / midbite of his hamburger /
pulls it out of his mouth / & opens up / showing the product
of his chewing / all three of us laugh / S says: i totally get
it / i think about that game of spin the bottle / how A was
the only boy to come to my grade seven birthday party /
how we still played spin the bottle / & all kissed whoever
it landed on / i think about how E was my prom date & the
first girl i kissed with tongue / how that kiss was actually
a secret pact to make me promise not to tell H that E was
smoking / & that same night we slept over at H's house
/ K & i shared a bed / & she took off her shirt / & bra /
before she got in / so i did too / & it was no thing / that
time S & i spent a night laughing naked / i think about each
relationship sitting at the table / how we trust each other
/ with our whole bodies / how that's love / now, isn't that
love?

über platonische liebe, die eine echte liebe ist

auf dem dach von E / birnenmost trinkend / zu Ks geburtstag, / fragt S: / erinnerst du dich an deinen ersten kuss? / ich lache. / *ja, / natürlich, / es war bei einem flaschendrehspiel. / schau, / er sitzt uns gegenüber / an diesem tisch, / hier und jetzt.* / A spürt unsere aufmerksamkeit, / betrachtet mich, / während er gerade in seinen hamburger beißt, / zieht ihn aus dem mund, / klappt ihn auf / & zeigt das produkt seines kauens. / alle drei lachen wir. / S sagt: weiß genau, was du meinst. / auch ich hab jenes spiel noch im kopf, / A war der einzige junge, der zu meiner geburtstagsparty in der siebten klasse kam. / weiterhin drehten wir die flasche, / & jeder küsste irgendwen, auf den der flaschenhals gedeutet hat. / ich entsinne mich, dass E mein date auf dem abschlussball war, / das erste mädchen, das ich mit der zunge küsste, / & dass dieser kuss eigentlich ein geheimpakt war, um mir das versprechen abzunehmen, H nicht zu sagen, dass E raucht. / hinterher übernachteten wir in Hs haus. / K & ich teilten ein bett, / & sie zog ihr t-shirt aus / dann den bh, / bevor sie sich hinlegte. / also tat ich's auch, / & es war nichts dabei. / damals verbrachten S & ich, beide nackt, eine nacht zusammen & hörten nicht auf zu lachen. / nun denke ich an jede beziehung, die am tisch sitzt, / wie wir einander vertrauen / mit unseren ganzen körpern, / & wie das liebe ist. / ist das etwa nicht liebe?

so my friend tells me she identifies as a mermaid ...

& i'm like, GIRL. i saw *The Little Mermaid.* even she did
not want to be a mermaid. & yes, she may have been a
selfish little fishtail, but think about it: "up where they
walk, up where they run, up where they play all day in
the sun." i mean ... don't you currently enjoy doing all of
those things? if you're just trying to sing & brush your
hair with a fork without judgment, you can totally do
that. some people will throw you the side eye, disregard
them as crabs. OR are you just try ing to say you're magic,
BUT not that regular, pedestrian, witch-type magic. is
mermaid magic better? is this common public knowledge?
OR is it just easier to look at yourself in the mirror if you
are not human. does that make it easier to pretend you
don't have depression; because depression is exclusively
human. if so ... shoot ... maybe i am a mermaid too. if
being a mermaid means you've cried enough tears to
drown your grasp of reality. if being a mermaid means
you truly believe the grass is greener than the blue you
are surrounded by. if being a mermaid means you never
walk away from a person you love, because you can't,
because you have a fin. then yes, i think i am definitely a
mermaid. & every song i've ever sung has filled my lungs
with sea, but i am not drowning – not like i thought i was,
when i was human.

meine freundin sagt mir, sie identifiziere sich mit einer meerjungfrau ...

& ich bin ... MÄDCHEN. ich habe *Die kleine Meerjungfrau* gesehen.
selbst sie wollte keine meerjungfrau sein. & ja, vielleicht war sie ein
selbstsüchtiger kleiner fischschwanz, aber man erwäge ihre worte:
»... oben, wo sie gehen, oben, wo sie rennen, oben, wo sie den ganzen
Tag in der Sonne spielen.« ich meine ... genießt du jetzt nicht, all diese dinge zu tun? wenn du nur versuchst, zu singen & dir ohne urteil
das haar mit einer gabel zu bürsten, bist du dazu vollkommen imstande.
einige leute werden dich schräg anschauen, missachte sie als schmarot-
zer. ODER versuchst du nur auszudrücken, du seist zauberhaft, ABER
nicht in der art jenes normalen, langweiligen, hexenartigen zaubers? ist
der zauber der meerjungfrau besser? ist dies allgemeines, öffentliches
wissen? ODER ist es bloß einfacher, dich selbst im spiegel zu betrachten, wenn du nicht menschlich bist? fällt es dir dann leichter, vorzutäu-
schen, du hättest keine depression? denn depression ist ausschließlich
menschlich. wenn dem so ist ... mist! ... bin ich möglicherweise auch eine
meerjungfrau. wenn meerjungfrau sein bedeutet, dass man genug tränen geweint hat, um seinen sinn für die wirklichkeit zu ertränken. wenn
meerjungfrau sein bedeutet, dass man aufrichtig glaubt, das gras sei grüner als das blau, das einen umgibt. wenn meerjungfrau sein bedeutet,
dass man niemals eine person verlässt, die man liebt, weil man es nicht
kann, weil man eine flosse hat. dann, ja, bin ich wohl eindeutig eine
meerjungfrau. & jedes lied, das ich je gesungen habe, hat meine lungen
mit meerwasser gefüllt, aber ich ertrinke nicht – nicht wie ich es dachte,
als ich ... menschlich war.

avowal

i drink my coffee black. you don't like coffee. you like what
it does to your body, you like the way coffee makes your
body feel. so you take your cream & sugar with coffee,
every morning. **this is not about you.** i like how looking
at you makes me feel twice i asked to kiss you the second
time, **how you said i just don't think i can give you what
you want.** i'm not sure why you kissed me back the first
time. i suspect you liked what it did to your body, you liked
the way my kiss made your body feel. once, there was a
lump in my throat. i like to believe it was a metaphor. **every
feeling i have swallowed.** a plain tumor is all it was.

see how this is my story. i have woken up looked in
the mirror & thought damn i look good today. you
wear sweat shorts & i still want to fuck you. once. you
gave me a bouquet of pink roses or was it a fury of
your puckered lips? if i am late it is because i was too
anxious to leave. i don't know how to plan time. when
your elbow found mine in that crowd after a year of our
mouths not speaking i was not happy to see you i was
relieved.

cut to me blushing. laughing, of course. **weren't you
dancing beside me?** we were no full moon. once you said
a person is either a peacekeeper or a pot stirrer. we both
know which i am. i bet you think you're a peacekeeper.
in my poems you are the dream of you. **maybe is an
alternate universe.** the falling stars are just glitter just
thousands of tiny LED lights poured down from the
sky that July was a fire that minded its own business
the following June was just thirty days the moon was a
strawberry it wasn't the drugs the shadows on the ceiling
weren't dancing again.

bekenntnis

ich trinke meinen kaffee schwarz. du magst keinen kaffee. du magst, was er mit deinem körper macht, wie er dein körpergefühl beeinflusst. so nimmst du sahne & zucker mit kaffee, jeden morgen. **hier geht es nicht um dich.** ich mag, welche gefühle dein anblick in mir erweckt. zweimal bat ich, dich zu küssen, beim zweiten mal sagtest du: **ich glaub einfach nicht, dass ich dir geben kann, was du brauchst.** ich bin mir nicht sicher, warum du mich beim ersten mal zurückgeküsst hast. ich vermute, du mochtest, was es mit deinem körper machte; du mochtest, wie mein kuss dein körpergefühl beeinflusste. einmal steckte mir ein kloß im hals. Ich möchte glauben, es war ein sinnbild. **jedes gefühl, das ich hinuntergeschluckt habe.** ein einfacher tumor war's, nichts weiter.

schau, das ist meine geschichte. ich bin munter geworden, habe in den spiegel geschaut & gedacht: verdammt, ich seh gut aus heute. du trägst sweatshorts & noch immer will ich dich vögeln. einmal. du schenktest mir einen strauß rosaroter rosen – oder war es die wildheit deiner geschürzten lippen? wenn ich zu spät komme, dann deshalb, weil ich zu ängstlich war, um aufzubrechen. ich weiß die zeit nicht einzuteilen. als in jenem gedränge dein ellbogen den meinen fand nach einem jahr, in dem unsere münder geschwiegen hatten, war ich nicht froh, dich zu sehen, ich war erleichtert.

schnitt zu mir, errötend. lachend, selbstverständlich. **hast du nicht neben mir getanzt?** wir waren kein vollmond. einmal hast du gesagt, ein mensch sei entweder ein friedenswächter oder ein unruhestifter. wir wissen, welcher von beiden ich bin. ich wette, du hältst dich für einen friedenswächter. in meinen gedichten bist du der traum von dir. **vielleicht gibt es ein paralleluniversum.** die fallenden sterne sind nur geglitzer, nur tausend winzige LED-lichter, vom himmel herabgegossen. jener juli war ein feuer, allein mit sich selbst beschäftigt. der folgende juni war nichts als dreißig tage, der mond eine erdbeere. es waren nicht die drogen, die schatten an der decke tanzten nicht wieder.

i was walking backwards when i met you. i made all of this magic. i bet you think magicians don't exist. you are not the first boy who i wrote into existence, or loved. you are the first dizzy wind spell to trip my tornado. once, you smiled in my direction & balloon on the loose there i went so high i forgot which came first you or the dream of you. that thought unties my shoelaces.

once, we were a crescent moon, weightless as a smile.

you told me, once, after work you took the bus all the way west to watch the sunset, only to miss it. you said you were so glad you made it to me on time. i love you. still. i'm not sorry. i don't want to write about you anymore. let's see how long we can go without talking. this time, if we really try, maybe i will forget your birthday. **maybe**. if you came back, i would not ask why. i miss you, but i don't wish you were here. you may say none of this ever happened. **but some of the details sure fit.***

***abracadabra**

als ich dir begegnete, ging ich rückwärts. ich habe all diesen zauber hervorgerufen. ich wette, du glaubst nicht an zauberer. du bist nicht der erste junge, dem ich schreibend eine existenz verlieh oder den ich liebte. du bist der erste schwindelerregende windzauber, der meinen wirbelsturm entfacht. einmal hast du in meine richtung gelächelt & der ballon hob ab. so hoch flog ich, dass mir entfiel, wer zuerst kommt: du oder der traum von dir. dieser gedanke löst mir die schnürsenkel.

einmal waren wir ein sichelmond, schwerelos wie ein lächeln.

einmal hast du mir erzählt, dass du nach der arbeit den bus nahmst, um die ganze strecke nach westen zu fahren, den sonnenuntergang zu beobachten und ihn dann doch zu verpassen. du sagtest, du warst so froh, es rechtzeitig bis zu mir geschafft zu haben. ich liebe dich. noch immer. es tut mir nicht leid. ich möchte über dich nicht mehr schreiben. sehen wir, wie weit wir kommen, ohne zu reden. wenn wir uns wirklich bemühen, werde ich diesmal vielleicht deinen geburtstag vergessen. **vielleicht**. kämst du zurück, würde ich nicht nach dem warum fragen. ich vermisse dich, aber ich wünsche mir nicht, du wärest hier. vielleicht sagst du, nichts von dem sei je geschehen. **doch einige details treffen sicher zu.***

*abrakadabra

on keeping your damn feelings to your damn self

how do you do that?
but also can you just stop.it.right.now.

deine verdammten gefühle in deinem verdammten selbst behalten

wie machst du das?
aber du kannst es auch einfach … seinlassen. jetzt. sofort.

unrequited *in nine acts*

the question hangs / a hook through my pink cheek:
how did you do that thing that you did to my heart?

–

because isn't the real tragedy
how you found yourselves in one another,
how you took one brief look into the mirror of her,
turned around,
& walked away?

–

the girl's arms are empty.
her fists are filled with the laughter of ghosts.
watch their fitful ridicule each time she cries over love
less real than they are.

–

there are baseballs / falling out of my mouth / each ball / the
name of a body / i reached for in the dark / to find myself / a parade of honest names / slip / from the grip of my loose glove jaw
/ the love i want is a basketball / a heavy thumping / in the chest
/ when it is my turn to be called up to the plate / i do not swing / i
do not swing

–

her name is wooden ship, to try & fit in
into his glass bottle heart would only break her.

–

unerwidert *in neun akten*

die frage hängt, / ein haken, quer durch meine rosafarbene brust:
wie hast du das getan, was du meinem herzen angetan hast?

–

denn ist die wahre tragödie nicht,
wie du dich in einer anderen gefunden,
wie du einen kurzen blick in ihren spiegel geworfen,
dich dann umgedreht hast
& fortgegangen bist?

–

die arme des mädchens sind leer.
seine fäuste sind gefüllt mit dem lachen von geistern.
beobachte ihren hervorbrechenden spott, sobald es über die liebe weint,
weniger wirklich als jene.

–

baseballbälle / fallen mir aus dem mund, / jeder ball / der name eines
körpers, / nach dem ich im dunkeln griff, / um mich selbst zu finden. / eine
parade ehrlicher namen / entgleitet / dem zugriff meines losen hand-
schuhkiefers. / die liebe, die ich möchte, ist ein basketball, / ein schweres
pochen / in der brust, / wenn ich an der reihe und aufgerufen bin, mich
der herausforderung zu stellen. / ich hole nicht aus. / ich hole nicht aus.

–

ihr name ist ein holzschiff; der versuch, es in
sein glasflaschenherz einzupassen, würde sie nur zerbrechen.

–

a montage of all the times i wished you had taken my hand
& when the moment passed
& you didn't,
a montage of all the places i wished myself far, far away to:
Portland, Barcelona, places i have never seen your smile.

–

what is the name of a place that everyone can see is burning ...
but no one can feel the effects of the smoke ... or the heat of the
flames ... except the place ... & that place is not a place but a
person ... & that person is the i in my poems ... only it's my real
life body that aches ... & isn't that love ... not being able to see the
explosion ... because you are the one holding the bomb ... & the
bomb is also you

–

the girl's hair turns to forget-me-nots and thyme.
her bones soften to willow branches, her skin flakes maple leaves.

her chest is now a cabinet of well-stacked cigar box caskets
carrying memories she is slow turning to ash. in lieu of conversation,
she passes smoke.

the girl collects seashells, upturns them into bowls, fills them
with dried lavender & amethyst, in hopes
of luring someone new.
remembering is her favorite pastime.
she cannot hold her heart up without trembling, so she hides it
away in bottomless midnights, which are her grief, but are also her lust.
the girl is now a girl who is also a whale; full of unoccupied space.

it's tragic how she displaces her emptiness with loneliness,
how she wants & wants & wants & needs to know why.

eine montage all der zeiten; ich wünschte, du hättest meine hand genommen,
& als der moment verging,
hast du es nicht getan.
eine montage all der orte; ich wünschte mich in die ferne, weit weg nach:
Portland, Barcelona – orte, wo ich nie dein lächeln sah.

–

was ist der name eines ortes, den jeder brennen sehen kann ... aber niemand vermag die auswirkungen des rauchs zu spüren ... oder die hitze der
flammen ... außer der ort selbst ... & dieser ort ist kein ort, sondern eine
person ... & diese person ist das ich in meinen gedichten ... nur dass es der
körper meines wirklichen lebens ist, der schmerzt ... & ist das nicht liebe ...
die unfähigkeit, die explosion zu sehen ... denn du selbst hältst die bombe ...
& auch die bombe bist du.

–

das haar des mädchens wendet sich vergissmeinnicht und thymian zu.
seine knochen werden weicher vor weidenzweigen, seine haut wirft
                                          ahornblätter ab.
seine brust ist jetzt eine vitrine mit üppigen zigarrenkisten,
angefüllt mit erinnerungen, die es langsam in asche verwandelt. anstelle
der worte im gespräch übermittelt es rauch.

das mädchen sammelt muscheln, dreht sie um, füllt die schalen
mit getrocknetem lavendel & amethyst, in der hoffnung,
jemand neuen anzulocken.
erinnern ist sein bevorzugter zeitvertreib.
es kann sein herz nicht hochhalten, ohne zu zittern, also verbirgt es dieses
in bodenlosen mitternächten, die ihr leid sind, aber auch ihre lust.
das mädchen ist nun ein mädchen, das ebenso ein wal ist, voll unbewohntem
                                          raum.
tragisch ist, wie es seine leere mit einsamkeit verdrängt,
wie es wissen will & will & will & muss, warum.

why the boy acts like he lives so far away from her
when his house is just a couple blocks south of ten
minutes & all that space lays still, loud as a snail's cry.

> *& wouldn't i know about crawling up inside oneself*
> *wouldn't i know about a body full of waiting*
> *a floor, clean as a plate in a cupboard, holding nine other plates*
> *on top of it*
> *how it's all so unbearable*

holding love makes the girl feel helpless. she dislikes the period of
heavy pockets, of change her heart is
unwilling to make.

–

did you hear me?
i said i love you.
i said i still love you.
still. you.

warum der junge handelt, als würde er so weit weg von ihr leben,
obwohl sein haus nur ein paar blocks nach süden, zehn minuten entfernt
ist, & all dieser raum liegt still, laut wie der schrei einer schnecke.

> & wüsste ich nichts über das hochkriechen in einem selbst,
> wüsste ich nichts über einen körper voll von warten,
> einen fußboden, sauber wie ein teller im schrank, wo neun
> weitere teller darauf gestapelt sind,
> wie alles so unerträglich ist.

durch ihre liebe fühlt das mädchen sich hilflos. es mag nicht die phase
schwerer taschen, schwer von veränderung, die vorzunehmen ihr herz
nicht bereit ist.

–

hast du mich gehört?
ich sagte, ich liebe dich.
ich sagte, ich liebe dich noch immer.
noch immer. dich.

dear Beyoncé (II)

why is it all so heavy ... i of course mean my heart ... but can i
call it a heart if it has the reluctant tenderness of a blackberry ...
i slouch toward the window ... i sit in the dark until someone
comes in the room & turns on the light ... what does it mean
that i imagine my heart is a stampede of trembling rabbits ... &
why do i prefer hands to eyes ... the hunger for a warm pulse ...
what is more savage than that kind of loneliness ... i have kissed
love on the lips & it did not fill me with anything other than
smoke ... what if the place where i keep my love is a cave ...
cluttered with mumbling grief ... what if my heart only prays
in the church of a mouth ... & how can you believe in yourself
to tell the truth when a lover asks you what you are afraid of ...
the more i come to know about snakes the better i understand ...
i am terrified of myself ... i leave my skin all over the place ... i
am always digesting my last meal ...

liebe Beyoncé (II)

warum ist alles so schwer ... natürlich meine ich mein herz ... aber kann ich es so nennen, wenn ihm die zurückhaltende zartheit einer brombeere eignet? ... ich schlendere zum fenster ... ich sitze im dunkeln, bis jemand ins zimmer kommt & das licht einschaltet ... was hat es zu bedeuten, dass ich mir vorstelle, mein herz sei eine schar zitternder hasen auf panischer flucht? ... & warum ziehe ich die hände den augen vor? ... das dringende bedürfnis nach einem warmen puls ... was ist grausamer als diese art von einsamkeit? ... ich habe liebe auf lippen geküsst & es erfüllte mich mit nichts anderem als rauch ... was, wenn der ort, wo ich meine liebe aufbewahre, eine höhle ist ... übersät mit murmelndem kummer? ... was, wenn mein herz nur in der kirche eines mundes betet? ... & wie kannst du an dich selbst glauben, um die wahrheit zu sagen, wenn ein liebhaber dich fragt, wovor du angst hast? ... je mehr ich über schlangen erfahre, desto besser verstehe ich ... ich erschrecke vor mir selbst ... überall lasse ich meine haut zurück ... immerzu verdaue ich mein letztes mahl ...

feed a fever, starve a cold

to forget
the artichoke heart
buries itself in leaves
to the source of the true hunger
to look full
to appear flush
*

my grandmother says
heartache is
a hungry caterpillar
that must be fed
so it can grow wings
& fly away
*

the refusal of offered love
is some kind of death
*

to forget
the warmth of a smile
when it was smiling
at me
i wear scarves
& toques before
the snow comes
i call this
being prepared
i am just
lonely
*

my heart
believes
his smile's last words
were a secret handshake

bei fieber viel, bei einer erkältung wenig essen

um zu vergessen,
vergräbt sich das
artischockenherz in blättern,
hin zur quelle des wahren hungers,
um satt auszusehen,
um üppig zu erscheinen.

*

meine großmutter sagt,
herzschmerz sei
eine hungrige raupe,
die gefüttert werden muss,
damit sie flügel ausbilden
& fortfliegen kann.

*

die zurückweisung dargebrachter liebe
ist eine art von tod.

*

um die wärme
eines lächelns zu vergessen,
das mir
zugeworfen wurde,
trage ich schals
& mützen
ehe der schnee kommt.
das nenne ich
»vorbereitet sein«.
ich bin einfach
einsam.

*

mein herz
glaubt,
die letzten worte seines lächelns
waren ein geheimer händedruck.

i have not eaten dessert
since
*

if the bag
of carrot sticks
is full
i do not bother
counting
how many i eat
there are never enough
*

when my friend
tells me
i seem
smaller
i joke
i am
too young
to be
shrinking
when he says
no sabrina,
i mean
skinnier
& i tell him
not on purpose
i am not lying
*

i tell
my grandmother
i think love is
a hungry caterpillar
*

i am no meal
historically

seither
habe ich keinen nachtisch verspeist.
*

wenn die tüte
mit möhrenstäbchen
voll ist,
mache ich mir nicht die mühe,
zu zählen,
wie viele ich esse.
es gibt nie genug.
*

wenn mein freund
mir mitteilt,
ich wirke
kleiner,
scherze ich,
ich sei
zu jung,
um zu
schrumpfen.
wenn er dann sagt:
nein, Sabrina,
ich meine
dünner,
erwidere ich ihm:
nicht mit absicht,
das ist die wahrheit.
*

ich sage
zu meiner großmutter:
ich denke, liebe ist
eine hungrige raupe.
*

ich bin keine mahlzeit.
rückblickend betrachtet,

i have never been
more
than a midnight
snack

bin ich
nie mehr gewesen
als ein
mitternachtssnack.

poem from the beach trip

i ask why the birds are crying & learn that seabirds drink
salt water & then cry out the salt through their tears
& though i cannot say for sure i believe this to suggest
the seabirds aren't sad they are excellent at letting go
cool i have woken up & cried for three mornings in a
row each time felt as if there was a reason but i could
not remember it i was hoping the seabirds might relate
as i watch them fly my bones feel so heavy the tide is
coming in & a bright moon crab digs bunkers into the
sand to wait out the wave & the wave is endless & there
are waves & waves & i am clutching my entire body
tense as the moment you ask me what happened why am
i crying again & the best answer i can give you is i can't
tell if the crab is still there

gedicht vom strandausflug

ich frage, warum die vögel weinen & erfahre, dass seevögel salzwasser
trinken & dann das salz durch ihre tränen ausweinen & obwohl ich nicht
mit sicherheit sagen kann, ob ich das glaube, um zu behaupten, die seevögel seien gar nicht traurig, sondern vorzüglich im loslassen; cool, ich
bin aufgewacht & habe an drei morgen hintereinander geweint, jedes
mal überzeugt, es gäbe einen grund dafür, der mir aber nicht einfiel, also
hoffte ich, die seevögel würden verständnis aufbringen, während ich
sie beim flug beobachte; meine knochen fühlen sich so schwer an, die
flut kommt & eine hell leuchtende halloweenkrabbe gräbt bunker in den
sand, um die welle abzuwarten & die welle ist endlos & immer mehr wel-
len branden auf & ich spanne meinen ganzen körper an, & genau in dem
moment fragst du mich, was passiert sei, warum ich wieder weine, & die
beste antwort, die ich dir geben kann, lautet: ich weiß nicht, ob die krab-
be noch da ist.

girl behind you

girl behind you / at the hardware store / carrying an item you're
sure i don't know how to use by myself / & it mildly annoys me /
that that's not entirely untrue / my grandfather showed me how
/ but i will still YouTube a tutorial when i get home / anyway /
i'm in line behind you at the grocery store / & i'm carrying the
healthy variety of food that needs to be cooked for consumption
& you are thinking to yourself / can this small girl really be
buying these vegetables & spices for her household or is her
mom waiting in the car / & it mildly excites me that i'm thinking
i hope my boyfriend is taking a shower / i hope i get home
somehow perfectly timed to his exit from the shower / & when
i walk in the house / he walks out of the bathroom / & our eyes
lock / our lips curl in canary smirks / & 5 minutes later / i am
out of breath against the hallway / instead of evenly chopping
cubes of sweet potato / but i'm in line behind you at Shoppers
Drug Mart / or Walgreens / or wherever you go for toothpaste
& condoms / & you are wondering why i am buying vitamins
& not lipstick / you are wondering why my nails aren't painted
but i'm buying nail polish remover / you are making strange
assumptions based on the unkept nature of my frizzy-ass hair /
& this is why i have a hard time leaving the house / this is why
i didn't braid my hair or put it up into a ponytail / even though
that would have made me more comfortable physically / i just
knew it would make me appear even younger than i already do
/ & you're thinking who cares / looking young is great / you're
gonna love that you look seventeen when you're thirty / quit
whining about a problem that's not really a problem / & this is
why i have a hard time talking about my anxieties / not the big
heavy anxieties / but the small ones / the ones that change my
earrings / & chip at my general level of self-esteem / the ones
that gorge on celery & watermelon after a heavy weekend /
crying quietly / standing in line / behind you / the girl you're
pretending not to notice

mädchen hinter dir

mädchen hinter dir / im baumarkt, / das einen gegenstand trägt, den ich deiner ansicht nach nicht ohne fremde hilfe zu benutzen weiß, / & es ärgert mich ein wenig, / dass das nicht völlig aus der luft gegriffen ist. / mein großvater hat mir gezeigt, wie man's macht, / trotzdem werde ich mir auf YouTube eine bedienungsanleitung anschauen, sobald ich nach hause komme. / jedenfalls / stehe ich hinter dir schlange im lebensmittelgeschäft / & trage die gesunde auswahl an nahrungsmitteln, die zum verzehr gekocht werden müssen, & du denkst dir: / kann dieses kleine mädchen wirklich diese gemüsesorten & gewürze für seinen haushalt kaufen oder wartet seine mama im auto? / dabei versetzt mich die vorstellung in sanfte aufregung, mein freund dusche sich gerade. / ich hoffe, irgendwie genau in dem augenblick daheim einzutreffen, wenn er aus der dusche tritt, / & gehe ich ins haus, / verlässt er gerade das badezimmer, / & unsere blicke verfangen sich ineinander, / & unsere lippen verziehen sich zu einem verschwörerischen grinsen, / & fünf minuten später bin ich auf dem fußboden im flur außer atem, / statt süßkartoffeln in gleichmäßige würfel zu schneiden. / doch ich befinde mich hinter dir im Shoppers Drug Mart / oder bei Walgreens / oder wo immer du zahnpasta & kondome besorgst, / & du fragst dich, warum ich vitamine & nicht lippenstift kaufe. / du fragst dich, warum meine nägel nicht lackiert sind & ich trotzdem nagellackentferner anschaffe. / du triffst seltsame annahmen, die auf dem ungepflegten zustand meiner verdammt wuscheligen haare gründen, / & deshalb fällt es mir schwer, das haus zu verlassen, / deshalb habe ich meine haare weder geflochten noch zu einem pferdeschwanz zusammengebunden, / obwohl ich mich damit äußerlich wohler gefühlt hätte. / ich wusste einfach, dass es mich noch jünger machen würde, als ich ohnehin schon aussehe, / & du denkst: na und?, / jung aussehen ist wunderbar, / du wirst es lieben, wie siebzehn auszusehen, wenn du dreißig bist, / hör auf, über ein problem zu jammern, das eigentlich gar keins ist. / & deshalb fällt es mir schwer, über meine ängste zu sprechen, / nicht die großen bedrückenden ängste, / sondern die kleinen, / jene, die mich dazu bringen, die ohrringe zu wechseln / & die mein übliches maß an selbstachtung verringern, / jene, die nach einem schweren wochenende sellerie & wassermelone verschlingen, / leise weinend, / in der schlange hinter dir stehend, / das mädchen, demgegenüber du so tust, als würdest du es nicht bemerken.

what i told the doctor, the second time

everything is in slow motion   again.
                    breath the pace of an afternoon walk against the wind.
                    heart pulses like dormant volcano.
oscillating head.

                                        my thoughts are spirographs;
think intricate patterns of loops,

                                        think waves that never break.
    my feet are two bowling balls headed toward the same strike,
but the lane
keeps
growing   &   growing.
my eyes have formed a reckless search party.
            there is snow in the window but i see cotton balls on string.
each moment hangs in the air around me

                                        a poem waiting to be plucked.
if i bite my tongue my mouth bleeds shark bait.

                            when i sit still my thoughts circle me
when i want to be left alone

                                        i go out into the world.
            in the center of me hangs a small bell,
i don't know how to ring it,

                                        but i've heard it ring.
            i can't stop thinking about when it will ring next

was ich dem arzt mitteilte, beim zweiten mal

alles läuft wieder   in zeitlupe ab.
    der atem im tempo eines nachmittagsspaziergangs gegen den wind.
    das herz pocht wie ein schlafender vulkan.
schwankender kopf.
               meine gedanken sind spirographen;
entwerfen verschlungene schleifenmuster,
          entwerfen wellen, die sich niemals brechen.
  meine füße sind zwei bowlingkugeln, unterwegs zum selben *strike*,
aber die bahn
wird immer
länger   &   länger.
meine augen haben einen leichtsinnigen suchtrupp gebildet.
  da ist schnee auf dem fenster, aber ich sehe wattebällchen an der schnur.
jeder moment hängt in der luft rings um mich,
       ein gedicht, das darauf wartet, gepflückt zu werden.
wenn ich mir auf die zunge beiße, blutet mein mund haifischköder.
      wenn ich still sitze, umkreisen mich meine gedanken,
sobald ich in ruhe gelassen werden möchte,
          gehe ich hinaus in die welt.
    in meinem zentrum hängt eine kleine glocke,
ich weiß sie nicht zu läuten,
        aber ich habe sie läuten hören.
   ich kann nicht aufhören, daran zu denken,
    wann sie das nächste mal läuten wird.

last Friday

lately / my mind has been
spinning the question / what
if i am the sound the tree makes
when it falls in the forest & no
one is around / but i think it's more
likely that i am the no one / deaf to
the libraries falling all around me /
something like fifty-five million people
die / this year / so many stars
shot off into the darkness / & i'm trying
not to entertain these thoughts / on
the weekends / at least / tonight / my
friends & i / we sit around wooden
tables listening / to music made by musicians
who will never play these songs again / &
we only sing along to yesterday's living /
until the record stops / & no one gets up to turn it
over / & someone shouts *hey! did i already tell you*
that i saw a shooting star last night? / & we talk
about how much we adore shooting stars / we
recall the coordinates of the last time
we each have seen one / like they are
some kind of collection of all our lost earrings /
elegant glistening we will never witness in the
light again / & before the conversation spins out /
i get up & flip the vinyl / my step-father
gave to me / so i wouldn't have to inherit it /
someday / & i am grateful for that.

letzten freitag

seit einiger zeit / kreisen
meine gedanken um die frage: / was, wenn
ich das geräusch bin, das der baum macht,
sobald er im wald fällt & niemand
zugegen ist? / aber wahrscheinlicher ist, dass
ich der niemand bin, / taub für
die bibliotheken, die rings um mich fallen. /
ungefähr fünfundfünzig millionen menschen
sterben / dieses jahr, / so viele sterne
sind in die dunkelheit gerast. / ich versuche,
solche gedanken nicht in betracht zu ziehen, /
zumindest / an den wochenenden. / heute abend /
sitzen meine freunde & ich / um holztische,
wir lauschen der musik von musikern, /
die ihre songs nie mehr spielen werden. /
so singen wir nur zum leben von gestern, /
bis die schallplatte stehen bleibt, / & niemand steht auf, um sie
zu wenden. / & jemand ruft: *hey! hab ich euch schon gesagt,*
dass ich letzte nacht eine sternschnuppe sah? / & wir reden darüber,
wie sehr wir für sternschnuppen schwärmen, / erinnern uns
an den ort, wo jeder das letzte mal
eine gesehen hat, / als wären sie
eine art sammlung all unserer verlorenen ohrringe, / elegantes
glitzern, das wir nie wieder im licht werden bezeugen können. /
& bevor sich das gespräch in die länge zieht, /
erhebe ich mich & drehe die platte um, / die mein stiefvater
mir geschenkt hat, / damit ich sie nicht würde erben müssen, /
eines tages, / & dafür bin ich dankbar.

seven small ways in which i loved myself this week

i flossed.
*

while picking up fruit
& vegetables
at the market,
i
spontaneously
bought myself
flowers.
*

i practiced saying i love you
in the mirror.
not i love you because,
or,
i love you despite,
just:
i love you.
*

it rained,
i went for a walk &
did not bring
an umbrella.
& while my wet hair
reached for the ground
i kept my chin up,
i kept my eyes open.
*

i indulged in a donut
for breakfast
& did not step on a scale
afterward.
*

sieben einfache methoden, durch die ich
in dieser woche mich selbst liebte

ich benutzte zahnseide.
*

während ich auf
dem markt früchte
& gemüse auswählte,
kaufte ich
mir
spontan
blumen.
*

ich übte, ich liebe dich
in den spiegel zu sagen,
nicht ich liebe dich, weil ...
oder
ich liebe dich, obwohl ...,
sondern nur:
ich liebe dich.
*

es regnete,
ich ging spazieren &
nahm keinen
regenschirm mit.
& während mein nasses haar
bis zum boden hing,
hielt ich mein kinn nach oben,
hielt ich meine augen offen.
*

zum frühstück gönnte
ich mir einen donut
& stellte mich danach
nicht auf die waage.
*

i held hands
with my sadness,
sang it songs in the shower,
fed it lunch,
got it drunk
& put it to bed early.
*

i did not think
of him.
not even once.

ich hielt händchen
mit meiner traurigkeit,
sang ihr lieder unter der dusche,
gab ihr mittagessen,
machte sie betrunken
& brachte sie früh zu bett.
*

ich habe nicht
an ihn gedacht,
nicht ein einziges mal.

ode to sunday

dreams of kissing,
croissants come true.
this morning
sun, a full joy.
morning glories brave sprout through wood steps.
today slowly finds its balance
and it is here,
in the unsteady,
i find myself
for a moment
writing love letters
and lazy praise
to the calm wide open

* * *

you clean break / you swift waltz of untangling knots
you cathedral of roses / stop pinching your thorns
you damp wood / miracle / you / crackling campfire
you nervous firework
welcome yourself / back into yourself
you are a playground for dancing ghosts
you are unassuming music
you are dripping faucet / easy tears / winding river
you maple syrup tongue
how do you even talk about anything other than how sweet you are
you with your carousel of questions
you playground for dreams / & new dreams
you moon sugar / you honey cruller lullaby
look at you / sitting in the dark / unfolding
you nesting doll / you kind depth / you terrified bloom
look at all of this digging
look how you have chipped away at your nail polish / both hands

ode an den sonntag

träume vom küssen.
croissants werden wirklichkeit.
diese morgensonne,
eine erfüllte freude.
morgendliche herrlichkeiten sind durch holzstufen gesprossen.
das heute findet langsam sein gleichgewicht,
und es ist hier,
im unbeständigen.
für einen moment
ertappe ich mich dabei,
liebesbriefe zu schreiben
und eine träge lobrede
an die weithin geöffnete ruhe.

* * *

du klarer schnitt / du schneller walzer sich entwirrender knoten
du kathedrale aus rosen / hör auf, deine dornen zu zwicken
du feuchter wald / wunder / du knisterndes lagerfeuer
du nervöses feuerwerk
heiße dich wieder willkommen in dir selbst
du bist ein tummelplatz für tanzende geister
du bist unaufdringliche musik
du bist tropfender wasserhahn / lockere tränen / gewundener fluss
du ahornsirupzunge
wie kannst du überhaupt von etwas anderem reden als davon, wie süß du bist,
du mit deinem karussell aus fragen
du spielwiese für träume / & neue träume
du mondzucker / du honigkrapfenschlummerlied
schau dich an / im dunkeln sitzend / wie du dich entfaltest
du nistende puppe / du freundliche tiefe / du verängstigte blüte
schau auf all dieses graben
schau, wie du an deinem nagellack gekaut hast / beide hände

thought you had a garden / but it is a graveyard
so what / if you carry it / under your tongue

dachten, du hättest einen garten / aber es ist ein friedhof
was soll's, / wenn du ihn / unter der Zunge trägst.

magic trick 004

the girl transforms nerves into charm.

"it was a please to meet you."
"a pretty please," she responds.

zaubertrick 004

das mädchen verwandelt nervosität in charme.

»es war ein vergnügen, dir zu begegnen.«
»ein hübsches vergnügen«, erwidert das mädchen.

it starts

with a spark that makes static electricity look like longing.
i am spellbound by the smoke billowing from his Belmont cigarette.
like i am staring at his Belmont cigarette sat
snug between his lips like i wish my name
would. he is so cool. he is like the king of ice cream sandwiches.
like i wish my tongue was a drawbridge to his castle.
his heart is a stubborn pistachio. like i want to crack it open.
i want to play his heartstrings like a harp,
or rip out his heartstrings & like braid them into a bracelet.
like decorate me. i want to wear him.

es beginnt ...

... mit einem funken, durch den statische elektrizität wie sehnsucht erscheint.
ich bin gebannt vom rauch, der aus seiner Belmont-Zigarette aufsteigt.
wie ich sie anstarre, eng zwischen seine lippen geschmiegt, so wie
ich es mir wünsche für meinen namen.
er ist so cool. er ist wie der könig von eiscreme-sandwiches.
wie ich mir wünsche, meine zunge wäre eine zugbrücke zu seinem schloss.
sein herz ist eine hartnäckige pistazie. wie gerne ich sie aufbrechen würde.
ich möchte auf den saiten seines herzens spielen wie auf einer harfe
oder sie ausreißen & etwa zu einem armband flechten,
um mich damit zu schmücken. ich will ihn auf meiner haut tragen.

since i met you baby
a Black Joe Lewis & The Honeybears erasure

I

tell

everybody

the   doctor

is you

seit ich dich getroffen habe, baby
Black Joe Lewis & The Honeybears, gelöscht

Ich

                    sage

jedem:

              der   Arzt,

das bist du.

seconds after bumping into him on the street

there it is,
the bite of nostalgia bleeding.
how painful.
how painfully quick.

sekunden, nachdem ich ihm zufällig auf der straße begegnet bin

da ist er,
der biss der blutenden nostalgie.
wie schmerzhaft.
wie schmerzhaft schnell.

on getting over you for real

i recognized you by your shadow   the spill of light from your
outline here is a love poem   more important than the words i never
said   how could i try to make you feel   greener than my side of
the story   this time   i would tell you the deep truth   which
is to say i would take you back into that maze   just to kiss
you   when you were most confused where i could have been the
one   to make it clear love   can live anywhere   as long as you
acknowledge it   Whitney Houston forced me to acknowledge   it
in a dream   long after she had died & there are ghosts in every
version of this story dreams that tell like fortunes & cookies that
seem to have fell from the sky   something like a song link via text
message   only there is no mystery there   except *why*   & little
would that matter now in the terminal of an airport i am only passing
through an aesthetic of clean white tiles & it reminds me of that maze
& it helps me to understand   it's not that i was afraid to write the
words on the wall   it was the shadows they would paint upon our
clean blank   friendship   & again i think *what has not been can
never be lost* too tempting a romance a beautiful ice sculpture swan
but how many times has my heart melted & aren't you so tired of the
chipping away from loneliness' sharp edge each winter & there are too
many perfect metaphors   for the indie movie i'll keep on dreaming of
writing i would write us wonderful & calm though i know i wasn't i was
anxious & nervous &   horribly enthusiastic while far too involved
in every moment   & you were casual you were unaware   &
who cares   i am in the sky now   a shadow proving itself to be
true a star a manifestation of the words that describe the feelings i
have   moving far inside of
me   & that is how i know   it was real
i walked right into it   into its neon center   &
back out with too many muscles clutching memories of dancing i bet
your best memory of me gets no more attention than a smile in your
sleep   & so it goes   i don't care   i am just happy to know
you   still smile   happy to know   i'll see you around

über jemanden wirklich hinwegkommen

ich erkannte dich an deinem schatten   das von deinem umriss versprühte
licht ist hier ein liebesgedicht   wichtiger als die worte, die ich nie gesagt
habe   wie konnte ich versuchen, dir das gefühl zu geben,   grüner zu sein
als meine seite der geschichte   dieses mal   würde ich dir die tiefe wahrheit
mitteilen   das heißt, ich würde dich zurückholen ins labyrinth   nur um
dich zu küssen   als du äußerst verwirrt warst und ich diejenige hätte sein
können   die deutlich macht, dass liebe   überall wohnen kann   solange
man sich zu ihr bekennt   Whitney Houston zwang mich, sie zu bejahen   in
einem traum   lange nach ihrem tod & in jeder version dieser geschichte spu-
ken geister träume, die botschaften übermitteln wie wahrsagungen & plätzchen,
die vom himmel zu fallen scheinen   so etwas wie der link zu einem song via
textnachricht   nur liegt kein geheimnis darin   außer dem *warum*   & das
würde jetzt kaum eine rolle spielen im terminal eines flughafens, wo ich lediglich
eine ästhetik blanker weißer fliesen durchquere & sie erinnert mich an jenes labyrinth & hilft mir zu verstehen   nicht dass ich angst gehabt hätte, die worte auf
die wand zu schreiben   es waren die schatten, die sich abzeichneten auf unserer blanken reinen   freundschaft   & wieder denke ich: *was nicht war,*
kann niemals verloren werden, zu verlockend, eine liebesgeschichte die schöne
eisskulptur eines schwans, aber wie oft schon ist mein herz geschmolzen & bist du
es nicht derart müde, jeden winter die scharfe kante der einsamkeit zu schleifen
& es gibt zu viele perfekte metaphern   für den Indie-film, den zu schreiben ich
weiterhin träumen werde, ich würde uns als wunderbar & ruhig beschreiben obwohl ich weiß, dass ich nicht so war, ich war ängstlich & nervös &   schreck-
lich begeistert, gleichzeitig aber allzu sehr verstrickt in jeden moment   & du
warst sorglos, du warst nichtsahnend   & wen kümmert's   ich bin jetzt im
himmel   ein schatten, der sich selbst beweist, wahrhaftig zu sein, ein stern, ein
ausdruck der worte, die meine gefühle wiedergeben   während ich mich tief in
meinem innern bewege   & so weiß ich,   es war wirklich ich ging
mitten hinein   in sein neonbeleuchtetes zentrum   & kam heraus
mit zu vielen muskeln, geklammert an erinnerungen vom tanzen ich wette, deine
beste erinnerung an mich erhält nicht mehr aufmerksamkeit als ein lächeln in
deinem schlaf   & so läuft's eben   ist mir egal   ich bin einfach glücklich,
dich zu kennen   lächle trotzdem   glücklich zu wissen   bis demnächst.

magic trick 005

the girl lassos a shooting star.

she dissects its gooey center and finds a skipping stone
the girl sits down in a field of grass & stares at the stone for three years
until on the last day of one November it finally snows
& her mother calls her inside
& to hide it safe the girl swallows the stone
        & it skips
              on & on
                    inside her & further away
                        on & on ...

zaubertrick 005

das mädchen fängt eine sternschnuppe mit dem lasso ein.

es zerteilt ihr zähflüssiges zentrum und entdeckt einen hüpfenden stein.
das mädchen setzt sich in eine wiese & starrt den stein drei jahre lang an,
bis am letzten tag eines novembers schließlich schnee fällt
& es von seiner mutter nach drinnen gerufen wird
& den stein schluckt, um ihn sicher zu verstecken,
    & er hüpft
        weiter & weiter
            im innern & weiter weg
               & immer so weiter …

follow-up
a prayer / a spell

i am feeling better
so i say / good morning / & mean it

yes / today / is a good morning
to exhale / to feel joy

with the release of breath
i no longer need to be holding

i am not alone
because i feel alone

i am not alone because i feel alone
i am not alone because i feel alone / with company

when i look in the mirror i will find a reflection
of the gifts i am withholding from myself

light hits / everything at a different angle
i make a habit of tilting / my head

when the sadness waterfalls
i will let the salt cleanse the wounds i cannot see

i will let dance parties be the hospitals i heal in
if i need more help i will let the people offering help me

if i need more help i will let the medication help me
i forgive my body for being a machine after all

i forgive my memory for being
the cupboard door

fortsetzung
ein gebet / ein zauberspruch

es geht mir besser,
daher sage ich: / guten morgen / & meine es so.

ja, / heute / ist ein guter morgen,
um auszuatmen, / freude zu empfinden.

mit nun befreitem atem
brauche ich nichts mehr zurückzuhalten.

ich bin nicht allein,
weil ich mich allein fühle.

ich bin nicht allein, weil ich mich allein fühle.
ich bin nicht allein, weil ich mich allein fühle / in gesellschaft.

blicke ich in den spiegel, werde ich ein abbild
der geschenke entdecken, die ich mir vorenthalte.

das licht trifft / alles in einem je anderen winkel,
ich mache es mir zur gewohnheit, den kopf zu neigen.

wenn die traurigkeit auf mich einstürzt wie ein wasserfall,
werde ich das salz die wunden reinigen lassen, die ich nicht sehen kann.

ich werde tanzpartys die hospitäler sein lassen, in denen ich genese.
wenn ich weitere hilfe benötige, werde ich mir von menschen helfen lassen.

wenn ich weitere hilfe benötige, werde ich mir von medikamenten helfen lassen.
ich verzeihe meinem körper, am ende doch eine maschine zu sein.

ich verzeihe meinem gedächtnis,
die schranktür zu sein,

that will continue to pop ajar
no matter how many times i push it shut

i forgive myself even if i am the last person i want to forgive
whatever i have come from / wherever i am going

i will remember the present as the place to start
today is a good day / to wake up / & be great

& have gratitude / for the relentless
pump of this heart / the way it does not know how
to hold back
i exhale / & i begin

die weiterhin aufspringen wird, egal,
wie oft ich sie zudrücke.

ich verzeihe mir, selbst wenn ich die letzte person bin, der ich verzeihen möchte,
von wo ich auch gekommen bin, / wo immer ich hingehe.

ich werde die gegenwart als den ort des anfangs erinnern.
heute ist ein guter tag, / um aufzuwachen / & sich großartig zu fühlen,

& dankbarkeit zu empfinden / für die unermüdliche
pumpe dieses herzens, / die art, wie sie sich nicht
zurückzuhalten weiß.
ich atme aus, / & ich beginne ...

acknowledgments

first & forever: Santina/mamabear, Jimmy/pops & Jesse. my
stepfather Tony. my stepmotherfriend Danielle – this collection
would not be possible without the lifetime we have spent
learning how to love each other. thank you for your patience. //
Nanny & Papa: thank you for providing me with an unwavering
foundation. Meme: thank you for showing me what it is to be
a resilient woman. my grandfather Jack & Nonna G live in my
fondest memories. // my many aunts, uncles & cousins of The
Sunday Dinner Crew, The Friday Dinner Crew & The Nonna
G's Crew, with special thanks to Uncle Sam, the Diagon Palleys
& my girl, Victoria. // my second parents, Lina & Ralph, The
Fabulous Ladies of Yolo & Donna: you have each been profound
influences.

the good folks of Button Poetry: Sam, Dylan, Riley, Nikki, Sarah,
Bernard ... thank you thank you thank you!!! for believing in me, for
believing in my work & for really making my dreams come true. y'all
are the best. // Hanif Abdurraqib – to have had you on my side for
this journey was a true blessing. you are a gift to this world.

my very good friends: Shane, Cameron, Emma, Holly, Katherine,
Matthew, Michael, Arjun, Jill, Greg, Christian, Madeline, Kathryn,
Mandee, Steph, & my soulmate Chimwemwe Undi ... there are not
enough words, so let's just dance until we're old & grey. // Amanda,
Kristin, Viktoria & Marlo: thank you for nurturing my writing in the
early days. without your support then, i don't know where i would
be now. // to the revolving members of The Roo Crew (big love to
Sarah, Jared, & Shane): thank you for the last 8 years of sharing
magic. // A Big Thank You to Ryan for teaching me to throw a
bullseye.

dank

zuerst & für immer: Santina/mamabär, Jimmy/papa & Jesse. meinem
stiefvater Tony. meiner stiefmutter Danielle – diese sammlung wäre
nicht möglich ohne jene gemeinsame lebenszeit, die wir damit ver-
bracht haben, einander lieben zu lernen. danke für eure geduld. // Nanny
& Papa: danke, dass ihr in mir ein unerschütterliches fundament gelegt
habt. Meme: danke, dass du mir gezeigt hast, was es heißt, eine wider-
standsfähige frau zu sein. mein großvater Jack & großmutter G leben in
meinen schönsten erinnerungen. // meinen zahlreichen tanten & onkeln,
cousins & cousinen von der Sunday Dinner Crew, der Friday Dinner
Crew & der Nonna G's Crew, mit besonderem dank an Onkel Sam, die
Diagon Palleys & mein mädchen Victoria. // an mein zweites elternpaar,
Lina & Ralph, sowie die Fabulous Ladies von Yolo & Donna: jeder von
euch hat mich tiefgreifend beeinflusst.

die guten leute von Button Poetry: Sam, Dylan, Riley, Nikki, Sarah, Bernard ... danke, danke, danke!!!, dass ihr an mich & an meine arbeit glaubt
& meine träume tatsächlich habt wahr werden lassen. ihr alle seid die
besten. // Hanif Abdurraqib – dich für diese reise an meiner seite gehabt
zu haben, war ein wahrer segen. du bist ein geschenk für diese welt.

meine sehr guten freunde: Shane, Cameron, Emma, Holly, Katherine,
Matthew, Michael, Arjun, Jill, Greg, Christian, Madeline, Kathryn, Mandee, Steph & mein seelenverwandter Chimwemwe Undi ... es gibt nicht
genug worte, also lasst uns tanzen, bis wir alt & grau sind. // Amanda,
Kristin, Viktoria & Marlo: danke, dass ihr in frühen tagen mein schreiben
gefördert habt. ohne eure damalige unterstützung wüsste ich nicht, wo
ich heute wäre. // die kreisenden mitglieder der Roo Crew (mit inniger
liebe zu Sarah, Jared & Shane): danke für die letzten acht jahre, in denen
ihr den zauber mit mir geteilt habt. // ein großes dankeschön an Ryan,
dass er mir beigebracht hat, mit dem wurfpfeil ins schwarze zu treffen.

the Canadian spoken word poetry community, with special
thanks to these glowing hearts within it: Ian Keteku – GT!!!
Andrea Thompson, Britta B, Missy Peters & Dave Morris, Brendan
McLeod, Andre Prefontaine, Matt 'LipBalm' Miller, Estefania
'yes' Alfonso, Aaron Simm, Brendan Flaherty, Harriet Wilder,
Isaac Bond, Brad Morden, Jillian Christmas, Duncan Shields,
Tasha Receno, Erin-Brooke Kirsh, Sean McGarragle, Emilee
Nimetz #doublepirouette, Chris Gilpin, Dana ID Matthews,
Sonya Littlejohn, Dia Davina, Matt Loeb, Johnny Macrae, Shayne
avec-i-grec, Mitcholos Touchie, Łapḥspåtúnak?i Łiṁaqsti, Scott
Thompson, Colin Michael Matty, Steve Currie, Liam Coady, Erin
Dingle, Sheri D Wilson, Tanya Evanson, Mary Pinkoski, Nasra
Adem, Nisha Patel, Ahmad Knowmadic Ali, Kaz Mega, Alasdair,
Danielle Altrogge, D'J, Mike Johnson, Rabbit Richards, El Jones,
Andre Fenton, Rebecca Lea Thomas, Deidre Lee, Khaleefa 'Apollo
The Child' Hamdan, Blue, Billy The Kid, Nina Vuleta, Kay Kassirer,
DMP, Jamaal Jackson Rogers, Alessandra Naccarato, Elyse Maltin,
Jen Slade, Alyssa Ginsberg, Charlie C Petch, Dave Silverberg, Tomy
Bewick, Anto Chan, Ifrah Hussien, Holly Painter, The Ragdolls,
Rose Jang, Niambi Leigh!!! Toronto Poetry Slam, Wordspell, The
Supermarket, The Drake, Avery the Bartender, & last but certain-
ly not least, honorary Canadian Mighty Mike Mcgee – Thank you
for accepting my friendship bracelets, for holding space & stages
for my work in its many forms, for playing at VFSW, but mostly
for graciously giving your time, your energy, your support & your
work, which all have moved me to be better in every way.

Rest In Power Zaccheus Jackson Nyce.

in an effort not to list 10,000 more poets, please forgive
me for saying that if we are Facebook friends & you are
a poet then I would like to thank YOU for the necessary
& inspiring work you do. honorable mention to Rudy
Francisco for being a real friend since early on in this wild
ride.

die kanadische gemeinschaft der dichter des gesprochenen worts, mit besonderem dank an die glühenden herzen darin: Ian Keteku – GT!!! Andrea Thompson, Britta B., Missy Peters & Dave Morris, Brendan McLeod, Andre Prefontaine, Matt ›LipBalm‹ Miller, Estefania ›yes‹ Alfonso, Aaron Simm, Brendan Flaherty, Harriet Wilder, Isaac Bond, Brad Morden, Jillian Christmas, Duncan Shields, Tasha Receno, Erin-Brooke Kirsh, Sean McGarragle, Emilee Nimetz #doublepirouette, Chris Gilpin, Dana ID Matthews, Sonya Littlejohn, Dia Davina, Matt Loeb, Johnny Macrae, Shayne avec-i-grec, Mitcholos Touchie, Łapḥspȧtůnakʔi Łiṁaqsti, Scott Thompson, Colin Michael Matty, Steve Currie, Liam Coady, Erin Dingle, Sheri D. Wilson, Tanya Evanson, Mary Pinkoski, Nasra Adem, Nisha Patel, Ahmad Knowmadic Ali, Kaz Mega, Alasdair, Danielle Altrogge, D'J, Mike Johnson, Rabbit Richards, El Jones, Andre Fenton, Rebecca Lea Thomas, Deidre Lee, Khaleefa ›Apollo The Child‹ Hamdan, Blue, Billy The Kid, Nina Vuleta, Kay Kassirer, DMP, Jamaal Jackson Rogers, Alessandra Naccarato, Elyse Maltin, Jen Slade, Alyssa Ginsberg, Charlie C. Petch, Dave Silverberg, Tomy Bewick, Anto Chan, Ifrah Hussien, Holly Painter, The Ragdolls, Rose Jang, Niambi Leigh!!! Toronto Poetry Slam, Wordspell, The Supermarket, The Drake, Avery the Bartender & schließlich, aber gewiss nicht zuletzt, der ehrwürdige Kanadier Mighty Mike Mcgee – danke, dass ihr meine freundschaftsarmbänder angenommen, raum & bühne für meine arbeit in ihren unterschiedlichen formen bereitgestellt habt & im VFSW aufgetreten seid, hauptsächlich jedoch, dass ihr mir liebenswürdigerweise eure zeit, kraft, unterstützung & arbeit geschenkt habt, die mich allesamt dazu anregten, in jeder hinsicht besser zu werden.

Bleib an der Macht, Zaccheus Jackson Nyce!

verzeihen Sie mir bitte, wenn ich, um nicht weitere 10.000 dichter aufzulisten, sage: wenn wir Facebook-freunde & Sie ein dichter oder eine dichterin sind, dann würde ich IHNEN gerne danken für die notwendige & inspirierende arbeit, die Sie leisten. besondere anerkennung für Rudy Francisco, dass er praktisch seit beginn dieser abenteuerlichen fahrt ein echter freund ist.

in no particular order I'd like to take a moment to show
gratitude to the following: Beyoncé. bobby pins. peanut
m&m's. the moon. coffee. Seawitch fish & chips. the tv
show Steven Universe. flowers. fast-moving clouds.
coconut water. Whitney Houston. the state of Kentucky.
John Mayer. Moleskin notebooks. doctors. grey t-shirts.
the movie Eternal Sunshine of the Spotless Mind. rocks,
especially quartz. my favorite mug with Zac Efron's
face on it. green juice. bonnaroo. Timbits. blue pens.
headphones. a polka dot backpack. baggy jeans. trees.
peppermint tea. cooking shows of all kinds. books. Ford
Escapes. crispy m&ms. bananas. the Toronto Blue Jays. the
TTC. mini dachshunds. the internet. Jimmy's Coffee. &
baristas everywhere.

to the boys who did not love me back: thank you for the
inspiration. // with an extra special shout out to CS whose
friendship is pretty cool.

to you, the reader, thank you for taking the time to listen,
understand, grieve, remember, learn & love, with me. i
am a well of bottomless gratitude. i am carebear-staring it
toward you. we are never truly as alone as we feel. thank
you. thank you & hello.

hier möchte ich kurz innehalten, um den nachstehenden personen und dingen in loser reihenfolge meine dankbarkeit zu erweisen: Beyoncé. haarklemmen. m&m's erdnuss. dem mond. kaffee. Seawitch fish & chips. der fernsehsendung Steven Universe. blumen. schnell dahinziehenden wolken. kokosnusswasser. Whitney Houston. dem bundesstaat von Kentucky. John Mayer. Moleskin-Notizbüchern. ärzten. grauen t-shirts. dem film *Eternal Sunshine of the Spotless Mind*. steinen, insbesondere quarz. meinem lieblingsbecher mit dem gesicht von Zac Efron darauf. grünem saft. dem Bonnaroo-Musikfestival. Timbits, das sind kleine donuts. blauen füllern. kopfhörern. einem getupften rucksack. baggy jeans. bäumen. pfefferminztee. kochsendungen jeder art. büchern. Ford Escapes. m&m's crispy. bananen. den Toronto Blue Jays. der Toronto Transit Commission. zwergdackeln. dem internet. Jimmy's Coffee. & barkeepern überall.

an die jungen, die meine liebe nicht erwiderten: danke für die inspiration. // mit einem zusätzlichen und besonderen ruf an CS, dessen freundschaft ziemlich cool ist.

und Sie, liebe leserinnen und leser: danke, dass Sie sich zeit genommen haben, um zuzuhören, zu verstehen, mit mir zu trauern, zu lernen & zu lieben. ich bin ein brunnen grenzenloser dankbarkeit & übermittle sie Ihnen mit dem starrblick eines glücksbärchis. wir sind wirklich niemals so allein, wie wir uns fühlen. danke. danke & hallo.

Über die Autorin

Sabrina Benaim (Jg. 1987) ist Schriftstellerin und Performancekünstlerin. Sie lebt in Toronto / Kanada. Mit ihrem Gedicht, in dem sie versucht ihrer Mutter ihre Depression zu erklären, erlangte sie 2015 auf dem *Women Of The World Poetry Slam* weltweite Beachtung. »Das Leben & andere Zaubertricks« ist ihr erstes Buch.